Wisser · Unter dem Fußboden

Daniel Wisser

Unter dem Fußboden

Erzählungen

Mit einem Nachwort von Robert Pfaller

/ KLEVER / Literatur /

ISBN 978-3-903110-54-0

Coverbild: © Shutterstock
Umschlaggrafik: k-lab Media Design GmbH
Herstellung: Bookpress

Unter dem Fußboden

Marsch

Herbert Ohrhallinger, der Tubist des Blasmusikvereins Maria Elend, stellte in acht Jahre langer Arbeit ein Blechblasinstrument her, das so groß war, dass es mit einem Hubschrauber auf eine Wiese außerhalb des Dorfes transportiert werden musste. Dort wurde um das Instrument herum eine Festhalle errichtet, in die Politik und Prominenz des Landes geladen wurden, um das erste Musikstück auf der Welttuba zu hören. Als Herbert Ohrhallinger begann, auf dem neuen Instrument einen in der Region beliebten Marsch zu spielen, war in der Festhalle Maria Elend zunächst nichts zu hören; die Welttuba gab Töne im Frequenzbereich zwischen 0,1 und 14 Hertz von sich. Von Besuchern der Festhalle wurde berichtet, sie hätten nichts gehört, sondern nur ein Pumpen oder Pulsieren oder Drücken verspürt. Der Dorfarzt stellte bei Untersuchungen fest, dass von Tönen im Frequenzbereich zwischen 1 und 4 Hertz Beklemmungen in Brust und Hals, von 4 bis 10 Hertz Muskelkontraktionen in der Bauchdecke, von 10 bis 13 Hertz Kopfschmerzen und in den darüberliegenden Bereichen akuter Harn- und Stuhldrang ausgelöst wurden. Da weder die Wälder von Maria Elend noch die umliegenden Hügelketten genug Dämmwirkung auf die Töne der Tuba hatten, konnte Ohrhallingers Marsch noch in einer Entfernung von fünfzehn Kilometern nicht gehört werden.

List

Der Komponist List beendete die Arbeit an seiner ersten Sinfonie vorzeitig, nannte sie *Die Unvollendete* und begann, eine zweite Sinfonie zu komponieren. Doch auch die zweite Sinfonie vollendete er nicht, sondern war plötzlich der Meinung, er müsse – aufgrund des sich aufdrängenden Gleichklangs mit dem des Komponisten Franz Liszt – seinen Nachnamen ändern. List wollte seinen Namen in Wist ändern, wurde aber von der Beamtin darauf hingewiesen, dass im Falle einer Namensänderung der erste Buchstabe des bestehenden Namens erhalten bleiben müsse. Heute arbeitet der Komponist List im Tattooentfernungsstudio Stein; und als er vor drei Jahren die Besitzerin des Tattooentfernungsstudios Stein, Frau Stein, ehelichte, nahm er ihren Namen an und heißt seither Stein.

Taub

Zu einer nächtlichen Feier in einem abgelegenen Bauernhof hatte man auch den Musiker Maier eingeladen, der sich bei der Anreise mit Wattepfropfen in den Ohren gegen die Zugluft zu schützen versuchte und eine Stunde zu spät eintraf. Die anderen Gäste hatten abgesprochen, um exakt 23 Uhr 23 Minuten und 23 Sekunden die Stereoanlage abzudrehen, bei Gesprächen nur mehr den Mund zu bewegen und alles, was Geräusche verursachen könnte, zu unterlassen. Maier war sofort davon überzeugt, ertaubt zu sein und lief *Beethovenschicksal* schreiend durch die Bauernstube. Die Krankenschwester Florence versuchte Maier zu beruhigen. Sie klopfte mit Löffeln und Messern auf Töpfe, schnippte mit den Fingern und sang ein Matrosenlied nach dem anderen, doch weder Geräusche noch Gesang, noch das Gelächter der Partygäste, das sich allmählich mit der bereits heiser werdenden Stimme von Florence vermengte, konnten Maier von der festen Überzeugung abbringen, taub zu sein. Und noch heute behauptet Maier standhaft, seit damals sehr, sehr schwer zu hören.

Unter dem Fußboden

Es ist ein weitverbreiteter Irrtum, dass Gegenstände, die auf dem Fußboden liegen, auf Gegenstände hinweisen, die sich unter dem Fußboden befinden. Und doch hat die Mehrheit der Menschen Angst davor, dass die Hörner des Teufels durch den Boden stoßen, längst verlegte belegte Brote oder Tramezzini auftauchen oder Vergrabenes oder Verstecktes wieder sichtbar werden könnte. Die Menschen sehen in den Gegenständen unter den Fußböden und Rasenflächen meist unheilvolle Dinge, die Katastrophen, Tod oder Verdammnis bringen. Nur wenige sehen wirklich nur das, was sich tatsächlich auf dem Fußboden befindet. Diese Menschen haben keine Angst vor den Dingen. Sie betrachten sie mit Neugier und sagen zum Beispiel: Eine schöne Wohnung haben Sie!

Tatami

Die Tatami ist nicht nur eine Bodenmatte, sondern auch ein Flächenmaß, das zur Berechnung von Raumgrößen dient. Ein Teeraum ist 4,5 Tatami groß. In der Edo-Periode hätte man gesagt, dass Gumpoldskirchen (der Wohnort meines Ururururgroßvaters, des Meerschaumdrechslers Matthäus Wüßer) eine Größe von 1163624,88 Teeräumen hat. Diese Summe ergibt sich allerdings nur aus den Maßen der Tokyoter Tatami von 1,76 × 0,88 Meter. Gemessen an der Kyotoer Tatami, mit einer Größe von 1,91 × 0,955 Meter, wäre man bei der Berechnung der Fläche von Gumpoldskirchen auf 988033,34 Teeräume gekommen. Die Japaner der Edo-Periode wussten allerdings nichts von Gumpoldskirchen. Und Matthäus Wüßer, der umgeben von Meerschaum, Feilen und einem Glas sauren Weißwein in seiner Werkstatt saß, die kaum größer als zwei Teeräume war, starrte mit einem Blick an die Wand, der sofort verriet, dass er noch nie von einer Tatami gehört hatte.

Go

Im Sechzehntelfinale der Go-Meisterschaft der Stadt Yonago in der Präfektur Tottori gelang es dem Spieler Takahashi, aufgrund eines leichten, von den Bewohnern kaum bemerkten Erdbebens, das dennoch zu einer Verrückung der Spielsteine führte, aus aussichtslos scheinender Position sein Spiel noch zu gewinnen. Das wäre noch nicht bemerkenswert gewesen, hätte sich derselbe Vorgang in Takahashis Achtelfinalpartie nicht wiederholt. Trotz ausgedehnter Nachdenkphasen, erwartungsvollen Augenzuckens und beständigen Klopfens des Mittelfingers gegen die Schläfen kam es jedoch im Viertelfinale zu keinem weiteren Beben und Takahashi schied aus dem Turnier aus.

Joseph und Joseph

Zwei aus Afrika stammende Betreiber eines Gemüsestandes brachten es zu lokaler Berühmtheit, weil man über sie erzählte, sie seien Brüder und hießen beide Joseph. Durch die Erwähnung in einem australischen Reiseführer wurde der Gemüsestand *Joseph & Joseph* schließlich über Nacht zu einer Touristenattraktion. Italiener und Japaner, Russen und Amerikaner kamen und kauften ein sechzehntel Kilo Tomaten, eine Karotte oder einen Bund Liebstöckel, nur um sich mit Joseph und Joseph fotografieren lassen zu können. Es tat der Berühmtheit des Gemüsestandes auch keinen Abbruch, dass Joseph nach einigen Gläsern Whisky immer wieder erzählte, dass er nicht Joseph heiße und mit dem anderen Joseph, der ebenfalls nicht Joseph heiße, gar nicht verwandt sei. Auch als Joseph starb und der andere Joseph den Gemüsestand mit seinem Freund David weiterführte, blieben die Besuchermassen nicht aus. Und wenn David täglich mehrere Hundert Male gefragt wird *Are you Joseph or Joseph?*, lächelt er jedes Mal und antwortet: *Yes!*

Bleistift

Bei Joseph Hardtmuth, der vom Fürsten von Liechtenstein beauftragt wurde, zu Ehren jener Husaren, die den Fürsten aus den Händen der Truppen Napoleons befreit hatten, ein Denkmal zu errichten, handelte es sich nicht um den 1752 als zweiten Sohn des Anton Hardtmuth, Tischlermeister in Asparn an der Zaya, geborenen Joseph Hardtmuth, sondern um dessen 1758 geborenen jüngeren Bruder, der ebenfalls den Namen Joseph trug. Hardtmuth hatte aus Wut auf die Verzögerung, welche das ständige Abbrechen seiner Bleistiftminen beim Planzeichnen hervorrief, eine Methode entwickelt, Minen aus einem nass geschlämmten Gemisch von Graphitstaub und Ton zu brennen und mit Ölen und Fetten zu imprägnieren, wodurch er Bleistifte in verschiedenen Härtegraden herstellen konnte, die viel seltener abbrachen und nur einen Bruchteil der damals handelsüblichen Bleistifte kosteten. Das geplante Denkmal wurde 1811 fertiggestellt und Husarentempel genannt. Nur ein Jahr danach, am 25. März 1812, wütete ein Sturm, der die Säulen des Denkmals abknickte und den Husarentempel zum Einsturz brachte.

Erdbeben

Noch selten wurden die Schrecken einer Naturgewalt naturgetreuer nachempfunden als im Jahre 1906, als die vernichtende Geräuschkulisse des großen Erdbebens von San Francisco von dem unter dem Pseudonym *Le Pétomane* bekannten Kunstfurzer Joseph Pujol im Théâtre Pompadour in Paris dargeboten wurde. Hatte man Pujol davor für einen Unterhalter gehalten, der mit seinen Furzen Kerzen auslöschen, Blasinstrumente zum Tönen bringen und Champagnerkorken an Zimmerdecken knallen lassen konnte, so würdigte man ihn nun als ernsthaften Künstler, der das Grauen der Naturgewalt mit seinen Mitteln zu vermitteln wusste. Eine Besucherin, die behauptete, die Vorstellung bereits zum vierten Mal zu sehen, meinte sogar, sie spüre jedes Mal bei Pujols Darbietung den Fußboden unter sich beben.

Bauchladen

Der Waffelhändler Leppänen behauptete, dass nicht nur die Schienen der finnischen Breitspurbahn breiter seien als jene der schwedischen Normalspurbahn, sondern dass auch die gefüllten Waffeln, die er am Bahnhof von Tornio verkaufe, dicker und länger seien als jene in Schweden. Allerdings kauften etliche Bewohner des finnischen Tornio ihre gefüllten Waffeln im schwedischen Haparanda und meinten, dass diese zwar kleiner, aber preiswerter und im Geschmack wesentlich besser seien. Dies war nicht die einzige Kränkung, die Leppänen widerfuhr: Als Wladimir Iljitsch Uljanow im April 1917 in Tornio in den Zug nach Petersburg stieg, ging er wortlos über den Bahnsteig, ohne Leppänen und seinen mit gefüllten Waffeln gefüllten Bauchladen zu bemerken.

Vergaser

Unter dem Namen J. J. Byrne stieg ein Mann am 24. August 1935 in einem Hotel in Springfield, Ohio, ab. Er brachte seine Reisetasche auf sein Zimmer und ging in die Hotelbar, wo er sich einer Dame aus Detroit als Tom Williard vorstellte. Er erzählte, er habe einen neuartigen Vergaser entwickelt, der so effizient sei, dass die Automobilindustrie ihm nach dem Leben trachte. Dabei trank er große Mengen Bourbon und behauptete schließlich, Thomas Alva Edison junior, der Sohn von Thomas Alva Edison, zu sein. Wenn mein Name Schmidt wäre, sagte Edison, alias Williard, alias Byrne, wäre ich heute reich. Er ließ die Getränke auf seine Rechnung schreiben und orderte eine weitere Flasche Bourbon, mit der er in seinem Zimmer verschwand, in dem er am nächsten Morgen tot aufgefunden wurde.

Rolltreppe

Der Plan des Architekten Makanov, eine Rolltreppe bis zum Gipfel des 7495 Meter hohen Pik Kommunismus zu bauen, wurde nie verwirklicht. Der Pik Kommunismus wurde 1998 in Pik Ismoil Somoni umbenannt, die Pläne für die Rolltreppe gelten als verschollen und Makanov soll zuletzt als Kellner im Restaurant einer Pizzakette gesichtet worden sein. Er gilt als arrogant und mürrisch, manche sagen, er weigert sich, Rolltreppen auch nur zu benutzen, und er soll zu einem Gast gesagt haben: Wer hier Pizza isst, ist selbst schuld!

Frage

Achtzehn Jahre lang war der Biograf Kunz dem Forschungsreisenden Scheerbart nachgereist, um ihm eine einzige entscheidende Frage zu stellen, die die letzte Lücke seiner epochalen Scheerbart-Biografie schließen sollte – die Frage nach den genauen Umständen eines Hangrutsches, dem zwei Drittel der Mannschaft seiner Hinterindien-Expedition zum Opfer gefallen waren. Schließlich begegnete Kunz Scheerbart zufällig auf der Liegewiese eines Naturbades in den Donauauen und konnte nicht umhin, Scheerbart anzusprechen und seine Frage zu stellen. Scheerbart antwortete sofort. Da aber bereits bei seinem ersten Satz ein für Kunz nicht näher erkennbares Insekt in Scheerbarts linkes Nasenloch flog und nun im Inneren des Forschungsreisenden brummte, während Scheerbart, als bemerke er das Insekt in sich nicht, weiterredete, folgte Kunz, der auf den Austritt des Insekts aus wenigstens einem von Scheerbarts Nasenlöchern oder dessen Mund wartete, den Worten des Forschers nicht. Als Scheerbart meinte, erschöpfend geantwortet zu haben, gab er Kunz kurz die Hand und verschwand hinter einem Gebüsch.

Nichts

Im Juli 1961 starben beim Versuch, den Montblanc über den Freneypfeiler zu besteigen, die Alpinisten Antoine Vieille, Robert Guillaume, Andrea Oggioni und Pierre Kohlmann. Beim Versuch, diese Tragödie zu verfilmen, verstarben im Jahr 1972 die Bergsteiger Milan Dubek und Walter Grimm. Bei Dreharbeiten zu einer Dokumentation über den Versuch der Verfilmung kamen der Bergsteiger Erich Walther und der Filmemacher Paolo Pascalone ums Leben. Der Kameramann Ricardo Ardissono konnte mit Verletzungen und schweren Erfrierungen geborgen werden. Er sagte später über die Besteigung: Das Wetter war so schlecht, dass wir nichts sehen konnten.

Meinungen

Dass der berühmte Filmkritiker Danziger seine Filmkritiken gar nicht mehr selbst schrieb, wussten nur seine Familie, die Pflegerinnen des Heims, in dem sich der schwer demenzkranke Danziger seit Jahren aufhielt, die Mitarbeiter der Zeitung, in der Danzigers Kritiken erschienen, und die Angestellten jener Softwarefirma, die das Computerprogramm, das Danziger seit Jahren ersetzte, programmierte und wartete. Was sie alle nicht wussten, war, dass der junge Informatiker Zeman, der seit einigen Jahren bei dieser Firma beschäftigt war, die Filmkritiken, die die Software erzeugte, durch seine eigenen Kritiken ersetzte und diese an die Redaktion lieferte. Dabei imitierte er zwar Danzigers Stil, widersprach aber oft früher geäußerten Ansichten Danzigers und ließ sich zu Meinungsäußerungen hinreißen, wie etwa der Behauptung, dass das horrende Ansteigen der Butterpreise in Norwegen im Dezember 2011 auf bis zu 700 Euro pro Kilogramm Butter zu einem weltweiten Rückgang der Produktion von Weihnachtsbäckerei geführt habe.

Düne

Im nächtlichen Bleiburg wurde eine Debatte darüber geführt, ob die Höcker des Kamels Wasser- oder Fettspeicher seien. Erst der belesene Wissenschafter C. entschied die Frage zugunsten keiner der beiden Parteien: Kamele seien Hobby-Chamäleons und versuchten, sich mit ihren Höckern als Dünen zu tarnen, was ihnen hin und wieder – die Erfolgsrate liege allerdings kaum bei einem Perzent (C. verwendete tatsächlich das Wort Perzent) – gelänge. Auch wäre das Gelingen dieser Tarnung mit unangenehmen Auswirkungen verbunden. Viele der erfolgreich als Dünen getarnten Kamele vermissten nämlich ihre Ex-Herden oder sehnten sich zurück zu den Lenkern der Kamelkarren, die nun wahrlich nicht zu den sympathischsten Erscheinungen der Wüstenregionen zählen.

Oase

Ein Wüstenvolk, das auszog, um umzuziehen – und zwar nicht nur mit Hab und Gut, Stab und Hut, Kamelen, Backgammonbrettern und Teegläsern, sondern mitsamt allen Bauwerken der Stadt –, vergaß aufgrund eines fehlenden Listeneintrags, das Waschbecken einer öffentlichen Toilettenanlage mitzunehmen. Das Waschbecken blieb in der Wüste zurück und das Händewaschen wurde an dem neuen Standort der Stadt Privatsache. Die Reiter, die das Waschbecken seitdem regelmäßig aufsuchen, bezeichnen es als Oase – und diesen Namen hat es auch verdient.

Bier

Bei der Faschingsfeier am Faschingsdienstag im Gasthaus von Neuzeug saßen sechs Männer am Stammtisch und führten eine Debatte darüber, ob es in der Wüste besser sei, den Durst mit kaltem gespritzten Weißwein oder heißem russischen Tee zu löschen. Es bildeten sich zwei Fraktionen und beinahe kam es zu Tätlichkeiten. Alle Beteiligten hatten zu diesem Zeitpunkt bereits vergessen, dass sie als Indianer verkleidet waren.

Turm

Es wurde ausgezeichnet mit dem goldenen Verdienstkreuz der Architekt Waldhäusl für die Errichtung eines Aussichtsraums, der auf nur einer 97 Meter hohen Säule steht. Es erwachte nach dem Festbankett beim Präsidenten um drei Uhr morgens der Architekt Waldhäusl und begann, die Berechnungen des Statikers für die Säule des Aussichtsraums genau durchzusehen. Es entdeckte dabei drei Rechenfehler sowie eine irrtümlich verschobene Kommastelle der Architekt Waldhäusl und stellte beim Nachrechnen fest, dass es nur noch eine Frage der Zeit sei, bis die Säule einstürze. Es griff, um eine Zugangssperre für den Aussichtsraum zu veranlassen, sofort zum Telefon der Architekt Waldhäusl, erlitt aber in dem Moment einen Schlaganfall, von dessen Auswirkungen er sich nie wieder erholte. Es wird nicht verstanden, weder von den Schwestern noch von den Angehörigen, wenn er in der Cafeteria des Pflegeheims sitzt und beim Anblick eines hohen Stapels von Untertassen sofort beginnt, aufgeregt Laute von sich zu geben, der Architekt Waldhäusl.

Mondschein

Wir leben auf einem Haufen von Leichen und dieser Leichenhaufen, auf dem wir leben, liegt wieder auf einem Haufen von Leichen und so weiter und so fort. Diesen Satz sagte der Wiener Dichter Waldmeister wieder und wieder zu sich selbst, hielt ihn aber zunächst für ein poetisches Bild, für den Ausdruck Waldmeisterscher Melancholie. Dann erfuhr der Dichter Waldmeister, dass die Mondscheingasse, in der er lebte, 1783 auf dem Areal des von Joseph II. aufgelassenen Friedhofs St. Ulrich errichtet worden war. Mehr noch: Beim Bau der Mondscheingasse stieß man auf ein unter dem Friedhof St. Ulrich liegendes Gräberfeld. Leichen über Leichen über Leichen, sagte Waldmeister zu sich selbst. Oder siehst du hier irgendwo den Mondschein?

Gans

Ein altes französisches Sprichwort, das man immer dann benutzt, wenn sich jemand beim Essen die Zunge oder die Lippen verbrennt, lautet: Sei froh, dass du nicht im Schloss von Versailles Ente essen musst! Seinen Ursprung hat dieses Sprichwort – laut der Motivforscherin Lelache – in der Tatsache, dass im 18. Jahrhundert aufgrund der Entfernung zwischen Küche und Speisesälen im Schloss Versailles das Fleisch einer gebratenen Gans zu Beginn des Verzehrs bereits auf 25 Grad abgekühlt war, der Bratensaft auf 29 Grad und ein beiliegender Knödel außen auf 27 Grad, im Inneren des Knödels auf 32 Grad, wodurch das servierte Essen bestenfalls als lauwarm bezeichnet werden konnte. Wie im Laufe der Zeit aus der Gans eine Ente wurde, kann auch Madame Lelache nicht erklären.

DeLuca

Kein anderes Phänomen hat Schmidt derartig beschäftigt, wie die Wandelbarkeit des Schauspielers DeLuca. Für seine Darstellung eines Unsichtbaren in dem Streifen *Der Unsichtbare* erhielt er zahlreiche renommierte Filmpreise. Auch privat gilt DeLuca als Chamäleon. Ohne von Autogrammjägern oder Paparazzi erkannt zu werden, kann er überfüllte Plätze und Einkaufsstraßen überqueren. Von DeLuca gibt es kein einziges Privatfoto und kein Autogramm. Für Ratlosigkeit sorgte sein Film *Spurlos.* Bis heute rätseln Publikum und Presse, welche Rolle DeLuca darin gespielt hatte. Auch Schmidt konnte DeLuca in *Spurlos* nicht finden. Schmidt war derart fasziniert, dass er zwölf Jahre und fünf Monate trainierte, um die Fähigkeit zu erlangen, sich unsichtbar zu machen.

Agent

Zwölf Jahre und fünf Monate hatte Schmidt trainiert, um die Fähigkeit zu erlangen, sich unsichtbar zu machen. Nach diesen zwölf Jahren und fünf Monaten ließ Schmidt sich einen Termin beim Agenten Ettenreich geben. Schmidt machte sich vor Ettenreich unsichtbar und wieder sichtbar und wieder unsichtbar und wieder sichtbar. Ettenreich, der ein wenig geistesabwesend wirkte, drehte einen Kugelschreiber um den rechten Zeigefinger und schnaufte. Er bat Schmidt, einen Hut vom Kleiderständer zu nehmen, diesen aufzusetzen und sich abermals unsichtbar zu machen. Schmidt machte sich unsichtbar, wobei der Hut aber immer sichtbar blieb. Schmidt konnte nicht erklären, warum seine Kleidung mit ihm unsichtbar wurde, der Hut aber nicht. Sehen Sie, Sehen Sie, das ist das Problem, sagte der Agent Ettenreich und rief bereits den nächsten Künstler aus dem Wartesaal zu sich herein, während Schmidt, der in seiner Aufregung vergessen hatte, den Hut auf den Kleiderständer zurückzuhängen und sich wieder sichtbar zu machen, den Raum noch gar nicht verlassen hatte.

Frau Schmidt

Auf einer Dienstreise schrieb der Handlungsreisende Schmidt folgende Zeilen:

Ich sitze hier im Parkhotel.
Der Abend, der verging sehr schnell,
trotz des Films mit Überlänge;
Du, die Schönste in der Menge.

Dann in der Stadt zwei kleine Bier
und auf dem Handy zeigst du mir,
die Große ist schon richtig groß,
Frau Schmidt!

Du siehst mich an. Ich seh' dich an.
Du nimmst die letzte Straßenbahn.
Zwei Küsschen und ich sag' kein Wort.
Die Türe schließt, dann bist du fort.

Die Straßenbahn verschwindet schnell.
Ich geh' zu Fuß zum Parkhotel.
Ich hätte gern noch was gesagt,
Frau Schmidt!

Frau Schmidt! Frau Schmidt!
Ich bin noch nicht besoffen.
Die Bar hat noch offen.
Kommst du mit?

Morgen auf die Autobahn,
weiter fahren, in Staus enden!
In der Stadt, in die ich fahr',
gibt es Schmidts zu Tausenden.

Aber, jedoch, was nützt das mir,
so denke ich beim dritten Bier.
Ich trink' noch eins und denk' an dich,
Frau Schmidt!

Frau Schmidt! Frau Schmidt!
Ich bin noch nicht besoffen.
Die Bar hat noch offen.
Kommst du mit?

Frau Schmidt! Frau Schmidt!
Ich bin noch nicht besoffen.
Ich hätt' dich gern getroffen,
Frau Schmidt!

Ich habe auch schon einen Plan:
ein Haus, was heißt, ein Schloss am Land,
mit Kino, mit Hotel, mit Bar –
dort wohnen wir dann tausend Jahr.

Und immer, wenn du mich ansiehst,
und immer, wenn ich dich anseh',
dann flüstere ich in dein Ohr,
Frau Schmidt:

> Frau Schmidt! Frau Schmidt!
> Jetzt bin ich sehr besoffen.
> Ich hätt' dich gern getroffen,
> Frau Schmidt!
>
> Frau Schmidt! Frau Schmidt!
> Jetzt bin ich sehr besoffen.
> Wo immer du auch hingehst,
> nimm mich mit!

Morgen in der alten Welt
wird wieder hin und hergemailt.
Du freust dich auf das nächste Mal,
Frau Schmidt!

Quiz

Der Physiker Plech litt unter der zunehmenden Angst, er könnte in die beliebteste Quizshow des Landes eingeladen werden und müsse dort folgende Frage beantworten: Wie lange ist das Pariser Urmeter? – Plech würde sich schon alleine dadurch lächerlich machen, dass er zuerst als Physiker vorgestellt würde, um dann eine scheinbar einfache Frage aus dem Gebiet der Physik nicht beantworten zu können. Noch schlimmer war es, dass Plech, der sich – trotz der Unwahrscheinlichkeit, tatsächlich in die Quizshow eingeladen zu werden, wofür er sich gar nicht beworben hatte – schon einmal darauf vorbereitete, die Frage nach der Länge des Pariser Urmeters trotz umfangreicher Recherchen und der Kontaktaufnahme mit bedeutenden Kollegen nicht beantworten konnte. Alles, was Plech herausfand, war, dass es offensichtlich drei verschiedene Pariser Urmeter gab und dass er nur eine Antwort mit Sicherheit ausschließen konnte, nämlich *1000 Millimeter.*

Salz

Der Unternehmer Späthgast war jemand, dem der Beamte Ritt endlich ohne Angst von seinen Ängsten erzählen konnte: dass er seine Küchenmesser vor dem Schlafengehen in einer Kiste verstaue und diese Kiste mit einem Vorhängeschloss absperre, in der Angst, er könnte sich beim Schlafwandeln mit einem oder mehreren dieser Messer erstechen oder verletzen. Freilich frage sich, ob der Schlüssel des Vorhängeschlosses vor dem Schlafwandelnden sicher sei. Späthgast nickte und schwieg lange. Als er aber das Wort ergriff, erzählte er Ritt Dinge, die er besser nicht erzählt hätte. Dass man sich nämlich durch den Verzehr von Zahnpasta oder Salz selbst töten könne. Ja, dass man durch das Trinken von zu viel Wasser an einer Wasservergiftung verende. Natürlich käme es auf die Menge an; aber welcher Schlafwandler könne schon die Menge der Zahnpasta, die er beim Schlafwandeln verzehre, kontrollieren.

Käse

Vom Geruch des Romadur, jenem belgischen Käse, den Carl Hirnbein in den Dreißigerjahren des 19. Jahrhunderts im Allgäu eingeführt hatte, waren die Finger des Käsers De Wever derart gebeizt, dass seine Kunden sich weigerten, Wechselgeld von ihm anzunehmen und mit einer Geste meist geheuchelter Großzügigkeit abwinkten und *Stimmt schon* sagten. Mit den so über die Jahre angesparten Summen soll der Käser De Wever sich ein Schloss in den Ardennen gekauft haben, sagen die einen. Andere behaupten, De Wever habe das Geld täglich nach dem Schließen seines Käsestandes in einem nahe gelegenen Weinhaus vertrunken, wo der Wirt ihm nahegelegt, nein, ihn gezwungen habe, täglich ein eigenes Weinglas mitzubringen.

Ring

Allen amerikanischen Touristen schmeckte der Kümmelbraten und der Schwarzwurzelsalat und der Schankwein und der Liptauer und besonders das Gebäck beim Heurigen. Alles schmeckte allen – oder fast allen, denn ein Mann namens Williams saß zuerst nicht sprechend, dann nicht trinkend, dann nicht essend und schließlich nicht schweigend am Tisch. Er könne nicht verstehen, sagte Williams, wieso die Ringstraße Ringstraße heiße, da sie weder rund sei, sondern eine Abfolge von Geraden, noch sich wie ein Kreis schließe. Die Ringstraße sei nämlich niemals fertiggestellt worden, wie auch – und er habe beides, sagte Williams, aus erster Hand vom Tourist-Guide erfahren – die Hofburg niemals fertiggestellt wurde, sodass sogar der enttäuschte Kaiser Franz Joseph einmal gesagt haben soll, er werde bestimmt niemals in die Hofburg einziehen. Ursprünglich sei ja eigentlich auch geplant gewesen, sagte Williams, blickte um sich und bemerkte, dass ihm niemand mehr zuhörte.

Hemd

Das Liebenberg-Denkmal in Wien wurde nur zwei Mal bestiegen. Das erste Mal kurz vor seiner Enthüllung im Jahr 1890, als eine vergoldete Statue der Siegesgöttin Victoria auf der Spitze des neun Meter hohen Obelisken befestigt wurde. Das zweite Mal am 18. Dezember 1928, als der 32-jährige Hilfsarbeiter Viktor A. den Obelisken erstieg, sich seiner Kleider bis auf Hose und Unterhose entledigte und begann, mit dem Hemd das Denkmal vom Schnee zu befreien. Viktor A. gab bei der Einvernehmung durch die Sicherheitswache an, den Auftrag zur Reinigung des Denkmals vom Ex-Kaiser Karl erhalten zu haben und wurde wegen Verdachts der Geistesstörung der psychiatrischen Klinik übergeben.

Zurzeit nur für immer

Film

Dass ausgerechnet jene Kopie des Stummfilms *Augen im Dickicht*, aus der fünfzig Jahre zuvor ein Filmvorführer eine vier Minuten lange Szene mit nackt badenden Frauen geschnitten hatte, um sich diese Szene Abend für Abend täglich mehrere Male im Vorführraum anzuschauen, im nationalen Filmarchiv aufbewahrt wurde, ist nur dem Historiker Fraunschiel nicht entgangen. Viele Jahre danach sichtete Fraunschiel einen anderen Stummfilm mit dem Titel *Schiffbruch der Herzen* und entdeckte darin eine aus dem Zusammenhang nicht erklärbare vier Minuten lange Nacktszene mit badenden Frauen. Fraunschiel berichtete seine Wahrnehmungen in einem Brief an das nationale Filmarchiv und erhielt die Antwort, dass Hunderter solcher Fälle bekannt wären, jedoch aufgrund von Personalengpässen nicht bearbeitet werden könnten. Der Historiker Fraunschiel ließ die Sache auf sich beruhen, rauchte eine Zigarre pro Woche, ging täglich zwei Mal drei Runden durch den nahe gelegenen Park und arbeitete weiter an seinem Hauptwerk *Häufige Fehler bei der Fälschung fotografischer und filmischer Beweise für Bergbesteigungen und Mondlandungen.*

Hitze

Als die ersten Besucher am 22. August 1911 den Salon Carré des Louvre betraten, um die Mona Lisa von Leonardo da Vinci zu betrachten, mussten sie feststellen, dass die Wand, an der sich das Gemälde befinden sollte, leer war. Bis Mittag fand man bei Suchaktionen nur Holzrahmen und Glas des Bildes unter einem Treppenabsatz, von der Leinwand aber fehlte jede Spur. Die Polizei kam zum Schluss, dass der Diebstahl bereits am Vortag, an dem das Museum wegen Reinigungsarbeiten geschlossen geblieben war, stattgefunden haben musste. Die Nachfragen bei den Redaktionen, die früher im Louvre Scheindiebstähle ausführen ließen, blieben resultatlos. In diesen Wochen erfuhren aufgrund einer Hitzewelle in ganz Europa die Butterpreise eine noch nie da gewesene Steigerung.

Pferdeschweiß

Wenn ein Gast in der Weinstube *Zum Pfauen* schon kurz nach sieben Uhr morgens ein Bier bestellte, so servierte die Kellnerin Ridi dieses Bier mit besonderer Selbstverständlichkeit und sagte *Zum Wohl*, damit der betreffende Gast sich nicht etwa ertappt oder schlecht fühlte. Im Fall des Önologen Scheidl war diese Vorsichtsmaßnahme nicht notwendig, denn Scheidl gab unaufgefordert Auskunft darüber, dass er an Tagen, an denen er bei den umliegenden Winzern Rotweine im Barriqueausbau auf Pferdeschweiß testete, nichts so sehr schätze, wie ein frühmorgendliches kühles, süffiges, vollmundiges Bier. Der Pferdeschweiß, so der Önologe Scheidl weiter zur bereits desinteressierten Kellnerin Ridi, sei nämlich eine besonders übel schmeckende Weinkrankheit, die durch eine zu hohe Konzentration flüchtiger Phenole von Hefen der Gattung Brettanomyces ausgelöst wurde, wodurch man Pferdeschweiß niemals sehen, sondern nur an seinem bitumenartig, speckig-animalischen Geschmack erkennen könne. Die Kellnerin Ridi fragte Scheidl, ob er noch ein Bier wolle. Scheidl nickte.

Zurzeit nur für immer

Der Stadtschreiber Lundström wurde im Jahr 1826 vom Bürgermeister von Helsinki beauftragt, eine Inschrift für das Portal einer temporären Holzkirche zu formulieren, die der Architekt Carl Ludwig Engel als Ausweichkirche für die damals im Bau befindliche Nikolaikirche errichtet hatte. Zwei Wochen darauf schickte Lundström seinen Text in das Büro des Bürgermeisters. Schon am nächsten Tag suchte dessen Sekretär Lundström auf. Der Sekretär verlor kein Wort des Lobes oder des Dankes oder über eine Entlohnung für das Verfassen des Textes, sondern bat Lundström, die Inschrift um 15 Worte zu kürzen, damit nicht nur die schwedische, sondern auch die finnische Version auf der bestellten Marmorplatte in einer Zeile Platz fände. Lundström kürzte den Text. Der Text lautete: *Zurzeit nur für immer.* Ein Jahr später starb Lundström an einer Lungenentzündung. Die temporäre Holzkirche von Carl Ludwig Engel existiert bis heute.

Antipapa

Typisch für einen Gegenpapst, im Kirchenlatein Antipapa genannt, ist, dass er sich selbst und seine Anhänger ihn niemals als Gegenpapst, sondern als Papst bezeichnen, während der Gegenpapst und seine Anhänger jeweils den jeweiligen Papst als Gegenpapst bezeichnen. Der letzte Gegenpapst Michel Collin, der 1967 die Innerplanetarische Kirche gründete und auch Außerirdische zur Priesterweihe zuließ, nannte sich Papst Clemens XV. In anderen Religionen ist dieses Phänomen völlig unbekannt. So hat es bisher keinen einzigen Gegen-Dalai-Lama gegeben. Dass zwei oder mehrere Dalai-Lamas gleichzeitig existieren, ist völlig undenkbar.

Funk

Die Admirale der italienischen Flotte musterten einander genau, um zu prüfen, ob der jeweils andere eine ebenso perfekt gereinigte und gestärkte Uniform, ebenso glänzend polierte Orden, in einem Winkel von exakt neunzig Grad durch die Passante geschobene Epauletten und einen völlig symmetrisch gezwirbelten Schnurrbart trug. Unterdessen sprach zu ihnen ein Mann in schwarzem Anzug, den wir sogleich als den jungen Guglielmo Marconi erkennen. Er erklärte, dass er in der Teststellung bewiesen habe, dass mithilfe seiner Erfindung die Kommunikation zwischen zwei Kriegsschiffen über eine Distanz von 60 Seemeilen einfacher, schneller und bequemer möglich sei als je zuvor. Und er beabsichtige, so Marconi abschließend, seine bahnbrechende Entwicklung der italienischen Flotte aus Gründen des Patriotismus zu einem sehr, sehr guten Preis anzubieten. Die Admiralität zog sich zurück, ohne auf Marconis Angebot einzugehen. Drei Wochen später erhielt Marconi ein Schreiben, in dem man ihm für die Mühe dankte, seine Erfindung vorzuführen, gleichzeitig aber bedauerte, mitteilen zu müssen, dass die italienische Flotte sich mehrheitlich dafür entschieden habe, die Kommunikation zwischen ihren Schiffen weiterhin mit Brieftauben abzuwickeln.

Baum

Der Forscher Ludwig Leichhardt brach am 5. April 1848 mit sechs Reitern in Queensland auf, um den Kontinent Australien von Ost nach West zu durchqueren. Da weder Leichhardt noch ein anderes Mitglied der Expedition weder in Perth, dem Ziel der Expedition, noch anderswo wieder auftauchten, brach 1852 eine Expedition auf, die nach Leichhardt suchen sollte, aber ebenfalls nie wieder zurückkehrte. Im Jahre 1871 startete in Brisbane eine Expedition, die sich auf die Suche nach den Mitgliedern dieser Suchexpedition machen sollte. Die Expedition auf der Suche nach der Suchexpedition fand am Flinders River einen Baum, in den ein großes L geritzt worden war. Dann verschwand auch sie spurlos, was allerdings weder in Brisbane noch in Perth noch an irgendeinem anderen Ort jemals bemerkt wurde, da sich keiner mehr für Leichhardts Verschwinden interessierte.

Sand

Der Wüstenforscher Doppelmeier gestand in einem seiner letzten Interviews, dass seine Begeisterung für Wüsten seit Jahren mit jedem Tag seines Lebens sinke. Die vermeintliche Sauberkeit und Leere einer Wüste stelle sich schon bei Entfernung der obersten Sandschicht als nicht gegeben heraus. Müll, abgestürzte Satelliten und von Karawanen weggeworfene Plastiktragetaschen und Getränkedosen fänden sich in derart gigantischen Mengen, dass das Aufräumen einer Wüste wie zum Beispiel der Rub-al-Khali heute eine undurchführbare Aufgabe sei. Zwar sei er, Doppelmeier, einmal in der Wüste Ägyptens auf eine aus Bakelit erzeugte Nachbildung der Pyramiden von Gizeh im Maßstab 1:1 gestoßen, die ein Filmteam in den Fünfzigerjahren hatte anfertigen lassen, da der Regisseur mit der Erscheinung der echten Pyramiden nicht zufrieden gewesen war; dies sei aber die einzige Entdeckung in seiner fünfunddreißigjährigen Forscherlaufbahn, die er für erwähnenswert halte. Ein Artikel über diese Entdeckung, den er für ein wissenschaftliches Magazin geschrieben habe, sei dort in stark gekürzter Form in der Rubrik Kurioses erschienen.

Name

Dass der Auwinkel in Wien 1862 aus Gründen der Schicklichkeit von Sauwinkel in Auwinkel umbenannt wurde, ist für den Namensforscher Cermak eines jener verwerflichen Beispiele, die er in seiner Schrift *Von der Bedeutungslosigkeit der Bedeutung von Straßen-, Orts- und Flurnamen* behandelt. In Cermaks gleichnamiger Rede, die er nun seit 43 Jahren bei jedem Zusammentreten des Verkehrsflächenbenennungsausschusses hält, beschwört er die Unwichtigkeit von Wohlgefallen oder Geschmack für Ortsnamen und nennt dafür zwei Beispiele, die seine Hörer schon vor sich her sagen, bevor Cermak sie ausspricht. Erstens: das Dorf Hühnergeschrei in der oberösterreichischen Gemeinde Altenfelden. Zweitens: die Großstadt Chicago, deren Name in einer Indianersprache *stinkender Knoblauchfurz* bedeutet.

Mayonnaise

Als der Oberbuchhalter Zwinger das Café Heumarkt betrat, blickte er um sich und bemerkte, dass er der einzige Gast war. Er ging also auf einen großen Tisch in der Ecke neben dem Kamin zu, um sich zu setzen, als der Kellner sich ihm rasch näherte und ihn bat, einen anderen Tisch zu wählen, da der Tisch neben dem Kamin für eine Tarockrunde reserviert sei. Zwinger wählte also den Tisch am Fenster neben dem Piano und wollte sich gerade setzen, als der Kellner sagte, dass Zwinger sich wohl an diesen Tisch setzen könne, ihn aber für den Fall, dass der Hofrat Hasencamp doch noch ins Café käme, diesem zu überlassen habe. Der Oberbuchhalter Zwinger blieb neben einer Glasvitrine stehen. Die Mayonnaise auf den belegten Broten in der Vitrine war bereits gelb und hart geworden. Zwinger nahm sich vor, stehen zu bleiben und zu warten, bis die Tarockrunde eintreffen würde.

Sofa

Wo ich auch immer hinkam und mit wem ich auch immer sprach – überall sagte man mir, dies sei nicht der Rahmen, um den Fall Rübesamen zu erwähnen. Auch der sonst sehr gesprächige Forscher Hohlbarth mahnte mich zur Geduld. Man müsse einander doch erst kennenlernen, auf dem Sofa sitzen, Cognac trinken und besonders die wunderbare Wärme des Kaminfeuers genießen. Ich kündigte an, so lange zu warten, bis die Zeit gekommen sei, über den Fall Rübesamen zu sprechen – eher würde ich mich aus dem Sofa nicht erheben. Einige Jahre später trugen Angestellte einer Räumungsfirma mich zusammen mit dem Sofa des drei Monate zuvor verstorbenen Forschers Hohlbarth aus dessen Haus. Über den Fall Rübesamen hatte Hohlbarth bis zu seinem Tod kein Wort verloren und auch über die Fälle Glasz, Viereck, Chiary, Deutsch, Zander, Liliencron, Tachau und alle anderen Fälle nicht.

Stuhl

Im Dorf Undorf im östlichen Ausläufer der Fränkischen Jura soll ein Mann sechzig Jahre lang ununterbrochen auf einem Stuhl im örtlichen Gasthaus gesessen sein, ohne bedient zu werden. Auch anderswo, sagt man über diesen Mann, sei er nicht bemerkt worden. Tatsächlich ist er nicht im Geburten- oder Sterberegister eingetragen und sowohl der Totengräber als auch der Priester des Ortes haben auf seine Beisetzung vergessen. Fragt man nach Beschreibungen dieses Mannes, so erhält man als Antwort nur Achselzucken oder Kopfschütteln. Und wenn die Wirtin des oben genannten Gasthauses in Richtung des oben genannten Stuhls blickt, schüttelt sie ebenfalls den Kopf und sagt, auf diesem Stuhl sei seit hundert Jahren niemand mehr gesessen.

Schlaf

Edward Holt aus Bath schlief am 9. September 1753 ein und erwachte am Nachmittag des 21. September 1753. Holt war von seiner langen Bewusstlosigkeit nicht überrascht, da er meinte, dass der September wegen der Umstellung auf den gregorianischen Kalender gekürzt worden war, und er tatsächlich nur eine Nacht lang geschlafen habe. In Wahrheit hatte die Umstellung auf den gregorianischen Kalender bereits ein Jahr zuvor stattgefunden, indem man den September 1752 um elf Tage gekürzt hatte und der 14. September auf den 2. September gefolgt war. Über den Lebenswandel von Edward Holt liegen eindeutige Aussagen vor. Der berühmte Master of Ceremonies Beau Nash soll einmal gesagt haben, er werde sich mit Mister Holt nicht befassen.

Speer

Unauffällig verlief ein Leichtathletikmeeting der Bezirkssportvereine in der Provinz Caserta in Kampanien, bis es im Speerwerfen zu einer Sensation kam. Mario Ferrara, dem ersten Athleten, gelang es mit 101,13 Metern als ersten Menschen, einen Speer weiter als 100 Meter zu werfen, was gleichzeitig neuer Weltrekord war. Bereits der zweite Athlet überbot diese Weite mit 103,67 Metern. Als auch die nächsten drei Werfer Ferraras Kurzzeitweltrekord überboten und Ferrara bereits Gefahr lief, Letzter zu werden, wurde verlautbart, dass aufgrund eines Rechenfehlers das Speerwerfen abgebrochen und neu gestartet werden müsse.

Vieh

Auf einer seiner Reisen war der Forschungsreisende Scheerbart auf einen namenlosen Stamm gestoßen, den er in seinen Aufzeichnungen als N46R bezeichnet. Das auffallendste Ritual der N46R war eine Stammeshochzeit, für die die langen Haare der Krieger mit Butter zu zackigen Türmen geformt wurden. Ein für die Hochzeit frisierter Krieger durfte sich weder Sonne noch Wind aussetzen und musste während der Hochzeit, die drei Tage und drei Nächte lang dauerte, regungslos in einer Hütte sitzen. Befeindete Stämme nutzten diese Hochzeiten, um die wehrlosen frisierten Krieger zu töten. Beinahe wären die N46R dadurch völlig ausgerottet worden, wäre nicht infolge einer großen Dürre das gesamte Vieh des Stammes verendet und die Produktion von Butter unmöglich geworden.

Farbiger Schnee

Von der Drau bis Unterdrauburg bis zur niederösterreichisch-steirischen Grenze in der Nähe der Rax, von der Koralpe, der Gleinalpe bis zur Brucker Hochalpe, von den Höhenzügen beiderseits der Mürz, vom Zirbitzkogel und Prebichl bis zum Wechsel wurde der Zentralanstalt für Meteorologie am 28. Februar 1936 durch Augenzeugen von farbigen Schneefällen berichtet. Die Metereologen bestätigten, dass ein in Afrika aufgekommenes Störungszentrum in großen Mengen Wüstensand in die Mittelmeerregionen transferiert hatte, wo sich der Sand mit Schnee vermengte und von schirokkalen Winden in den Alpenraum geweht wurde. Die Darstellungen der Augenzeugen, besonders derer, die den Schnee gar nicht selbst gesehen hätten, wären aber, was die Farbe betrifft, übertrieben gewesen, da es sich dabei um einen leichten Gelbton gehandelt habe. Man habe dasselbe Phänomen schon in den Jahren 1901 und 1903 beobachtet und dabei zweifelhafte Schilderungen erhalten. In den betroffenen Regionen war man danach auf die Zentralanstalt für Metereologie nicht mehr gut zu sprechen. Dementsprechend reagiert man seither auf falsche Wettervorhersagen von der Drau bis Unterdrauburg bis zur niederösterreichisch-steirischen Grenze in der Nähe der Rax, von der Koralpe, der Gleinalpe bis zur Brucker Hochalpe, von den Höhenzügen beiderseits der Mürz, vom Zirbitzkogel und Prebichl bis zum Wechsel, mit Häme und Spott.

Schweigen

Ein weiser Mann auf der indischen Seite des Himalaya soll nach Angaben der Dorfbevölkerung zwölf Jahre lang geschwiegen haben. Ein anderer Mann, ein Chinese, dessen genaue Herkunft im Unklaren bleibt, soll aufgrund einer Wette fünfundzwanzig Jahre lang geschwiegen und nach diesen fünfundzwanzig Jahren keine Lust mehr auf lange Gespräche gehabt haben. Ein dritter Mann, namens Josef M., der täglich in der Weinstube *Zum Pfauen* am selben Tisch sitzend zu Mittag und zu Abend aß, sprach sechsunddreißig Jahre lang kein einziges Wort. Die Kellnerinnen mussten ihm Bestellvorschläge aufzählen und M. nickte nur. Nach sechsunddreißig Jahren sagte die Kellnerin Ridi zu Josef M., er müsse sich an diesem Tag an einen anderen Tisch setzen, da ein Handwerker unter seinem gewohnten Tisch drei Fliesen auszutauschen hatte. Josef M. ging mürrisch zu einem anderen Tisch und sagte zur Kellnerin Ridi: *Halt den Mund!* Dann setzte er sein Schweigen fort, wie viele Jahre weiß niemand, jedenfalls aber bis zu seinem Tod.

Alles ist gut

Alles ist gut schrieb der Turmkletterer Heinrich Pribyl im November in einem Brief an seine Frau und auf eine Serviette in dem Kaffeehaus, in dem er frühstückte, wenn alles gut war. *Alles ist gut*, schrieb Pribyl auf einige Zettel, die man in seiner Manteltasche fand. Und einen Monat später schrieb er an seine Frau: *Alles wird gut.* Am Silvestertag des Jahres 1899 trank der Turmkletterer Heinrich Pribyl aus Kränkung über seine misslichen Vermögensverhältnisse eine Phosphorlösung. Er wurde ins Allgemeine Krankenhaus eingeliefert und am 2. Januar 1900 wieder entlassen.

Schluss

Zweihundertsiebzig Minuten, also das Dreifache der Dauer eines Spielfilms, benötigte der am Stammtisch der Weinstube *Zum Pfauen* sitzende Schweißer Manfred L., um ein Drittel der Handlung dieses Spielfilms, den er am Vortag im Fernsehen gesehen, dessen Titel er aber vergessen hatte, nachzuerzählen. Dabei hätte es Einfacheres und Aktuelleres zu erzählen gegeben. Etwa, dass in seinem Betrieb die Pistolenabsaugung beim besonders gesundheitsgefährdenden Aluminiumschweißen eingeführt werden sollte. Oder, dass der älteste Stammgast der Weinstube *Zum Pfauen*, Josef M., am Vortag sein sechsunddreißig Jahre lang andauerndes Schweigen gebrochen hatte. Stattdessen verwickelte Manfred L. sich immer mehr in die Nachnacherzählung von Handlungsteilen, die nachzuerzählen er vergessen hatte, und vergaß dabei wieder Teile, die er daraufhin nachnachnacherzählen musste, bis er schließlich ganz plötzlich verstummte. Er bestellte noch ein Bier und als die Kellnerin Ridi das Bier auf seinen Tisch stellte und ihm also zuhören musste, schloss er seine Nacherzählung mit dem Satz: *Und am besten war überhaupt der Schluss!*

Luft

Aufenthalte in Lungenheilanstalten sind gesunden Menschen nicht zuträglich; das ist eine bekannte Tatsache, über die umfangreiche Literatur geschrieben wurde. Viele wussten über die Gefährlichkeit der Krankenschwestern Bescheid, etwa über die Gefährlichkeit von Schwester Engratia. Ja, ja, ich komme gleich, rief sie den aus den Krankenzimmern flehend Hustenden zu, drei Stunden nachdem sie dort zum Stoßlüften, wie sie es nannte, alle Fenster geöffnet hatte. Ja, ja, ich komme gleich, sagte auch der Brandwart Gloser, und zwar als er das einzige Mal in seinem Leben zu einem wirklichen Brand gerufen wurde. Er kam, um noch etwas gegen die Flammen ausrichten zu können, zu spät.

Farbenlehre

Der Tischler Alois Platzer aus Graz, Erfinder des Sägespanfüllofens, der Zeit seines Lebens davon überzeugt war, einen Fehler in der Relativitätstheorie gefunden zu haben, war neben Isaac Newton, Johann Wolfgang Goethe und Arthur Schopenhauer Autor einer Farbenlehre. Diese Farbenlehre endet mit dem Satz: *Und so sehen wir nicht, dass wir eigentlich nicht sehen, sondern vielmehr nicht-sehen.*

Heuschrecke

Der Handelsreisende Kaltenblut, die Kaffeehaus-Besitzerin Zwachula, der verschwiegene Wisgrill, die Kellnerin Martha, die arbeitslose Frau Magedler, Königin Elisabeth IV. und die Yogalehrerin Sophia – sie alle wurden in der finalen Version aus einer Erzählung, die sich in einem Vorort von Turin ereignet, gestrichen. Dabei wurde die Yogalehrerin Sophia, bevor sie gestrichen wurde, durchaus interessant und ansprechend beschrieben. Besonders stach ihre Beherrschung der Yoga-Stellung der Heuschrecke, im Sanskrit Shalabhasana genannt, hervor, mit der sie den unteren Rücken und die Willenskraft stärkte. Das alles reichte aber offensichtlich nicht aus.

Kaffee

Die Kammerschauspielerin Hroch befahl ihrer Pflegehilfe, Kaffee zu kochen. Sie sagte immer Kaffee kochen. *Koche Kaffee!*, sagte sie immer. Und wenn die Kammerschauspielerin Hroch dann im Rollstuhl im Wohnzimmer saß und den aus der Küche kommenden Duft von Kaffee roch, dachte sie an ihre frühere Haushälterin Milica, die bereits seit mehr als zehn Jahren im Ruhestand war. Schade, dachte die Kammerschauspielerin Hroch, dass es Milica nicht mehr gab. Milica war die Einzige gewesen, die gewusst hatte, dass der Frau Kammerschauspielerin Hroch nie der Titel Kammerschauspielerin verliehen worden war. Milica war auch die Einzige gewesen, die gewusst hatte, dass die Frau Kammerschauspielerin Hroch nur einmal am Burgtheater gespielt hatte und zwar in *König Ottokars Glück und Ende* die Rolle von Merenbergs Frau, die im Stück keinen einzigen Satz spricht. Gut, dachte die Kammerschauspielerin Hroch, dass es Milica nicht mehr gibt. Die Pflegehilfe kam ins Wohnzimmer und fragte, ob sie den Kaffee servieren solle. Die Kammerschauspielerin Hroch antwortete: *Nein, schütte ihn weg und koche Kaffee!*

Staubzucker

Der letzte Mensch auf dem Mond, ein gewisser Dr. Harrison Schmitt, verließ die Umlaufbahn des Mondes an Bord der Apollo 17 am 14. Dezember 1972, um am 19. Dezember zur Erde zurückzukehren. Die Öffentlichkeit nahm von der Mission wenig Notiz, und als Dr. Schmitt später in einer Talkshow auftrat, hielten ihn die meisten für einen Arzt oder Zahnarzt. An den Stammtischen der Wirtshäuser und Weinstuben war die Apollo-17-Mission im Jahr 1972 ebenfalls kein Thema. Dort beschäftigte man sich mit der Empörung über die soeben eingeführten fabriksabgepackten Staubzuckerpakete, die in den Kaufhäusern den losen Staubzucker mehr und mehr ersetzten. Fraunschiel war eingeladen, im Radio über die Mission der Apollo 17 und die seiner Meinung nach gefälschten Gesteinsproben zu sprechen, aber er sagte ab, da er befürchtete, auf dem Weg in die Sendeanstalt durch einen Messerstich getötet oder verletzt zu werden.

Teehaus

Der Fernfahrer Abbas erfuhr am 8. Juni 1967 in einem Teehaus in einem Vorort von Samalut, dass an diesem Tag der vierte Tag des Sechs-Tage-Kriegs begonnen hatte. Abbas fuhr an diesem Tag 16 Stunden und legte nur eine Pause ein. Er dachte ab und zu an seine Frau und die Kinder und dann wieder daran, dass der Sechs-Tage-Krieg nur mehr zwei Tage dauern würde. Woher, dachte der Fernfahrer Abbas, wollten sie das im Teehaus eigentlich so genau wissen? Aber in den Teehäusern wussten sie immer mehr als im Radio und im Fernsehen. Nur die Qualität des Tees ließ dort zu wünschen übrig.

Der letzte Mensch auf dem Mond

Der letzte Mensch auf dem Mond, ein gewisser Eugene Cernan, verließ die Umlaufbahn des Mondes an Bord der Apollo 17 am 14. Dezember 1972, um am 19. Dezember zur Erde zurückzukehren. Cernan hatte in einem Mondmobil gemeinsam mit dem Geologen Dr. Harrison Schmitt 35 Kilometer in der Taurus-Littrow-Schlucht auf der Mondoberfläche zurückgelegt. Später wurde Cernan Politiker für die Republikanische Partei. Im Wahlkampf 2012 sagte er, der nächste republikanische Präsident Amerikas werde bis zum Ende seiner zweiten Amtsperiode den Bau einer Mondkolonie abgeschlossen und mit der Bevölkerung des Mondes begonnen haben.

Tanz

Wegen Ausartungen und Unzüchtigkeiten wurde der Langaus, der nicht nur im berüchtigten Mondscheinlokal in der Nähe der Karlskirche, sondern in ganz Wien getanzt wurde, im Jahr 1791 als gesundheitsschädlich eingestuft und polizeilich verboten. Das Haus *Zum Mondschein* wurde zuerst in eine Klavierfabrik umgewandelt und schließlich abgerissen. An dieser Stelle sollte man sich fragen, ob es sich bei dieser Stelle nicht um einen geeigneten Schluss handelt. Ja, es ist wahr, dass der Langaus wenig später in Walzer umbenannt wurde und dass der Walzer schließlich, wie man heute sagt, von Wien aus die Welt eroberte; aber mit dieser sehr vereinfachten Darstellung kommen wir keinen Schritt weiter. Ganz im Gegenteil sogar.

Bleierne Jahre

Weder in italienischer noch in französischer Sprache, noch mithilfe von Gesten schaffte es der italienische Kriegsgefangene Vincenzo Peruggia, den österreichischen Soldaten zu erklären, dass er es gewesen sei, der im Jahr 1911 die Mona Lisa aus dem Louvre gestohlen habe. Er wollte erzählen, dass er wochenlang gewartet habe, bis die Polizei endlich an seine Tür klopfte, um ihn zu verhören und dann erst recht wieder gegangen sei, ohne ihn des Diebstahls zu verdächtigen. Die Österreicher verstanden den aufgeweckten Italiener einfach nicht, aber sie mochten ihn und behandelten ihn gut. Sie behandelten ihn so gut, dass Peruggia, kurz bevor er 1925 an einer Bleivergiftung starb, gesagt haben soll, die Österreicher hätten ihn reizend umsorgt und die Kriegsgefangenschaft sei nichts gewesen im Vergleich zu den bleiernen Jahren in Paris, während derer er als Handwerker im Louvre schuften hatte müssen.

Mond

Früher war der Historiker Fraunschiel zwei Mal täglich drei Runden durch den nahe gelegenen Park gegangen, doch nun ging Fraunschiel schon lange nicht mehr außer Haus, denn wo er hinsah, erblickte er Häuser, die jeden Moment einstürzen, Menschen, die jeden Moment verunglücken, und Messer, die jeden Moment zustechen konnten. In seiner Wohnung begann er, Schränke zu stützen und Lampen und Luster abzuhängen, da er Angst hatte, sie könnten ihn erschlagen. Doch es war zu spät, denn als die Schwerkraft nicht mehr wirkte, versuchte Fraunschiel vergeblich, sich auf die Erde zu legen. Er glitt ab und schwebte fort in den Raum. Als er am Mond vorbeitrieb, sah er in der Nähe des Taurus-Littrow-Tals einen Gegenstand. Es war das Mondmobil, mit dem die Astronauten der Apollo-17-Mission, Schmitt und Cernan, 35 Kilometer zurückgelegt hatten. Sie waren also doch da gewesen. Aber für Fraunschiel war es zu spät, seine Schriften zu widerrufen, denn die Erde war nur noch ein winziger Punkt, den er kaum mehr sehen konnte.

Kein Wort für Blau

Warm

Nachdem der Gefreite Spoerhase vom Infanterie-Regiment Nr. 4 bei einer Schießübung beinahe einen Offiziersdiener getroffen, glücklicherweise aber nur dessen am Leibriemen befestigten Brotsack angeschossen hatte, wurde er in friedenmäßiger Zusammensetzung des Regiments zu den Warmsitzern abkommandiert. In den Monaten Oktober bis April musste er mit 300 bis 350 anderen Warmsitzern drei Stunden vor Einlass des Publikums im Zuschauerraum der Oper Platz nehmen, um den Raum zu erwärmen. Spoerhase machte sich nichts aus Opern, konnte sogar Operngesang nicht ausstehen, sodass ihn die Abwesenheit von Musik beim Warmsitzen nicht störte. Das Gespräch mit Kollegen suchte er nicht und versuchte auch nicht, die Gespräche anderer mitzuhören. Spoerhase saß einfach da. Es machte ihm nichts aus. Und nach etwa zwei Stunden wurde es auch warm.

Entzündung

Niemand hat größere Ausdauer beim Sitzen bewiesen als jene Schwarzfuß-Indianer, die in der aufgelassenen Schule eines Reservats im Norden von Montana an der kanadischen Grenze dem Maler Winold Reiss Modell sitzen mussten. Reiss, der Tausende von Indianerportraits malte, ermahnte seine Modelle immer wieder zu Geduld und Bewegungslosigkeit. Die meisten Schwarzfuß-Indianer wünschten zwar, Reiss wäre in Karlsruhe geblieben und niemals nach Montana gekommen, um Indianer zu malen; doch sie widersetzten sich seinen Befehlen nicht. Nur ein Indianer, der Kanalreiniger Gelber Hirsch, der vom vielen Modell-Sitzen an einer chronischen Entzündung des Steißbeins litt, erhob sich eines Tages wortlos, verließ unter dem wütenden Protestieren des Malers Reiss das Klassenzimmer und das Indianerreservat und kehrte nie wieder zurück.

Regen

Fünf Schiffbrüche, darunter den Untergang der Titanic, zwei Flugzeugabstürze, drei Autounfälle und ein Zugunglück hatte Alvin Kelly nach eigenen Angaben ohne Verletzungen oder Blessuren überlebt, als er am 21. Juni 1930 in Atlantic City einen 38 Meter hohen Fahnenmast bestieg, um den von ihm selbst aufgestellten Weltrekord im Fahnenmast-Sitzen zu brechen. Mit 1177 Stunden, also mehr als 49 Tagen, überbot Kelly, der sich selbst *Schiffbruch Kelly* nannte, seinen früheren Rekord von 23 Tagen um mehr als das Doppelte und wurde beim Abstieg von seinem Fahnenmast am 9. August von über 20.000 Schaulustigen bejubelt. Als Kellys Leiche 22 Jahre später am 12. Oktober 1952 in der 51. Straße aufgefunden wurde, erkannte man den Toten zuerst nicht. In einem Notizbuch, das Kelly in seiner Manteltasche trug, fanden sich einige Zeitungsausschnitte, die über seine Weltrekorde im Fahnenmast-Sitzen berichteten, und eine handschriftliche Notiz mit dem Wortlaut: *20613 Stunden meines Lebens bin ich auf einem Fahnenmast gesessen, davon 1400 bei Regen.*

Kein Wort für Blau

Der Dichter Homer hasste es, auf die wirklichkeitsfremden Beschreibungen des Meeres in seinen Epen angesprochen zu werden. Kam es aber doch vor, dass jemand darüber sprach oder wurde er gar dazu befragt, so antwortete Homer: Erstens bin ich blind und zweitens gibt es bei uns – wie auch bei den Ägyptern, Chinesen und Russen – kein Wort für Blau!

Buch

Der Philosoph Hammer behauptet, seine Begeisterung für die Philosophie sei erst entstanden, als er in einer Ausgabe von Johann Eduard Erdmanns *Leib und Seele nach ihrem Begriff und ihrem Verhältnis zu einander*, die er in der Wühlkiste eines Antiquariats gefunden habe, auf einen bedeutenden Druckfehler gestoßen sei. Mehrmals habe er, Hammer, versucht, diesen Druckfehler in seinen Aufsätzen zu zitieren, und er habe die betreffende Stelle auch immer richtig, also falsch, wiedergegeben, der Verlag habe den Fehler aber jedes Mal falsch, also richtig, also falsch abgedruckt, so Hammer. Das Buch habe er verborgt und nicht mehr zurückbekommen und aus den Textverarbeitungsdateien seiner Aufsätze sei der Fehler verschwunden, weil er ihn irrtümlich mit der automatischen Rechtschreibprüfung korrigiert habe. Jetzt wisse er nicht mehr, ob dieser Druckfehler nicht nur in seiner Einbildung existiert habe; in jedem Fall habe er die Freude an der Philosophie einigermaßen verloren.

Radio

Im Jahre 1861 entdeckte ein Buchhalter in Göttingen, dem Geburtsort des deutschen Chemikers Robert Wilhelm Bunsen, dass das Radio doch noch nicht erfunden worden war. Was er bis dahin für die Überlagerungen einer hochfrequenten Trägerwelle gehalten hatte, stellte sich als das Quietschen der Schiebetüren seines Aktenschranks heraus, den er immer zur vollen Stunde (also jenem Zeitpunkt, an dem die Nachrichten wegen der Nicht-Erfindung des Radios nicht beginnen konnten) öffnete. Jahre später erblindete der Buchhalter und wurde Urgroßvater; die Erfindung des Radios erlebte er nicht mehr.

Freunde

Schrott, der Stammgast des Cafés Zwachula, war gleichzeitig der Obmann des Vereins der Freunde des Cafés Zwachula. Längst begnügte er sich nicht mehr damit, alte Fotos und Zeitungsartikel über das Café zu sammeln und dort regelmäßig Fotos zu schießen und Videos zu drehen. Inzwischen registrierte er jede Veränderung beim Personal, in der Speise- und Getränkekarte und bei Geschirr und Besteck mit Argwohn. Denn Schrott wollte das Café Zwachula bewahren, so wie es war. Dass jährlich zweimal – vier Wochen im August und zwei Wochen zu Jahreswechsel – wegen Urlaubs geschlossen wurde, passte ihm nicht. Und wenn Schrott das Café punkt acht Uhr, wenn es öffnete, betrat, sagte er zum Oberkellner, der ihm die Tür öffnete, nicht *Guten Morgen*, sondern etwa: Die Geige, die bis gestern noch hier an der Wand neben der Vitrine hing ... warum ist sie verschwunden?

Pilz

Der Chemiker Robert Wilhelm Bunsen hielt, immer wenn ihm seine Haushälterin Frau Kottmann eine Mahlzeit servierte, einen Blockbodenbeutel bereit, in den er in einem unbeobachteten Moment den Inhalt seines Tellers kippte. Später entsorgte er den Blockbodenbeutel außer Haus. Bunsens Angst, Gifte zu sich zu nehmen, entstammte seiner ständigen Beschäftigung mit diesem Thema. In der Frage der Schädlichkeit der grünen Tapeten hatte er der allgemeinen Gesundheit große Dienste geleistet. Weiters entdeckte er, dass Eisenoxydhydrat ein unfehlbar wirkendes Gegengift gegen die arsenige Säure war, das furchtbare Gift, dessen sich die Verbrecher damals am häufigsten bedienten. Wenn Frau Kottmann den leeren Teller sah, lächelte und fragte, wie es denn geschmeckt habe, antwortete Bunsen: Hervorragend, Frau Kottmann! Um welchen Pilz sagten Sie, handelt es sich hier?

Seil

Der Wissenschafter Musa Erzurum wuchs zusammen mit seinen zwölf Geschwistern in einem der letzten Holzhäuser Konstantinopels auf. Es war eines der wenigen Häuser, die 1870 vom großen Feuer von Pera, das Zehntausende Holzhäuser vernichtet hatte, verschont geblieben war und dessen Wände durch Seile, die an einem zentralen Punkt des Hauses verknotet waren, zusammengehalten wurde. Da Erzurums Mutter immer befürchtete, der Knoten könne eines Tages aufgehen und das Haus einstürzen, musste das Seil an der Stelle des Knotens ständig von einem ihrer dreizehn Kinder gehalten werden. Als Erzurum die Schule und später die Universität besuchte, ja selbst, als er schon an der Universität unterrichtete, hatte er stets ein schlechtes Gewissen, dass seine zwölf Geschwister, sieben Brüder und fünf Schwestern, den Knoten festhalten mussten, während er studieren und unterrichten durfte. Und selbst als Musa Erzurum bereits seit Jahrzehnten in Schweden lebte und die höchste wissenschaftliche Auszeichnung des Landes erhielt, sagte er in seiner Dankesrede, er müsse nun auch wieder einmal zu Hause sein, um das Seil zu halten.

Netz

Der Fischer Orlando Wagner aus Campo Redondo in Brasilien hatte für den 1. Jänner 1974 den Weltuntergang vorausgesagt. An diesem Tag würde laut Orlando Wagner der Komet Kohoutek die Bahn der Erde queren, auf die Erde zurasen und schließlich im Bereich des Fußballplatzes von Campo Redondo einschlagen. Campo Redondo und die restliche Welt könnten nur gerettet werden, wenn es gelänge, ein Netz über die Stadt zu spannen, um den Kometen aufzufangen.

Rasierklingen

Am 11. Jänner 1978 wurde im Dorf Žalna bei Laibach ein 63-jähriger Mann gefunden, der sich seit 1945 33 Jahre lang ununterbrochen versteckt gehalten hatte. Der Mann, der vor dem Krieg der Schuhmachermeister des Dorfes gewesen war, erklärte, er habe im Krieg in der Weißen Garde gegen die Divisionen Titos gekämpft und sich deshalb 1945 aus Angst vor Racheakten auf dem Dachboden des elterlichen Hauses versteckt. Seine taubstumme Schwester versorgte ihn in dieser Zeit mit Lebensmitteln und Hygieneartikeln. Dass die Schwester ungewöhnlich viel Brot und Rasierklingen besorgte, fiel dem Dorfpolizisten auf und es kam zu einer Hausdurchsuchung, bei der man den 63-Jährigen entdeckte. In einem ersten Gespräch zeigte sich der Mann überrascht darüber, dass der Zweite Weltkrieg schon mehr als drei Jahrzehnte zuvor zu Ende gegangen war.

Alfalfa

Eine Delegation von Kongressabgeordneten besuchte im April 1910 den ehemaligen Boxweltmeister im Schwergewicht James Jeffries auf seiner Farm in Burbank, Kalifornien, um ihm eine Petition zu übergeben, die von Hunderten einflussreichen Politikern und Prominenten, darunter auch dem bekannten Schriftsteller Jack London, unterzeichnet worden war. In dieser Petition wird Jeffries aufgefordert, ein Comeback als Boxer zu feiern und den regierenden Weltmeister, den Negerboxer Jack Johnson, herauszufordern, dessen rasant steigende Popularität im ganzen Land zu Rassenunruhen und dem beunruhigend selbstbewussten Auftreten der schwarzen Bevölkerung in allen Lebensbereichen geführt habe. Jeffries sei, so der Anführer der Delegation, die große weiße Hoffnung Amerikas. Jeffries entgegnete, dass er fünfzig Kilogramm mehr wiege als zur Zeit der Beendigung seiner Box-Karriere, dass er völlig untrainiert sei und seine Tage mit der Anzucht von Alfalfa verbringe.

Taxi

Der Handelsreisende Kaltenblut, aber auch alle anderen Reisenden, die zur selben Zeit wie Kaltenblut in jener Stadt ankamen, die kurz zuvor umbenannt worden war, mussten feststellen, dass die Taxilenker mit der Angabe, sie sollen zum Hotel Bagh Haveli in die Rangari Mohola Nr. 23 fahren, nicht viel anfangen konnten. Als Kaltenbluts Taxifahrer, nach langen Unterredungen mit mehreren anderen Taxifahrern, losfuhr, erklärte er, er wisse nun, dass dieser die Adam Street meine. So habe die Straße nämlich immer geheißen, bis sie vor Kurzem umbenannt worden wäre. Das Taxi blieb nach mehr als anderthalb Stunden Fahrzeit vor einem Gebäude stehen, auf dem nicht Bagh Haveli, sondern Grand Garden Hotel stand. Und als der Handelsreisende Kaltenblut sich schließlich auf seinem Zimmer befand, sich ins Bett legte und die Augen schloss, konnte man nicht von einem Einschlafen sprechen.

Oboe

Als Caroline Herschel am 13. März 1781 kurz vor Mitternacht durch das Spiegelteleskop blickte, stellte sie eine verschwommene leuchtende Scheibe fest, die sie zunächst für einen Kometen hielt. Ihr Bruder Wilhelm Herschel, der im könglichen Orchester von Bath, dessen Mitglieder für die ausgedehnten Trinktouren, die sie nach den Proben unternahmen, bekannt waren, Oboe spielte, betrat weit nach Mitternacht das Haus und ließ sich auf die Chaiselongue fallen. Wilhelm, sieh dir das an, sagte Caroline zu Wilhelm. Ich hielt es zunächst für einen Kometen! Doch Wilhelm Herschel war bereits eingeschlafen. Einige Minuten später erwachte er nochmals für einen kurzen Augenblick und fragte: Caro, bin ich mit oder ohne Oboe nach Hause gekommen?

Pause

Es gab verschiedene Mutmaßungen darüber, warum der Schauspieler Voit beim Sprechen oft an unpassenden Stellen mitten im Satz innehielt und pausierte. Während die Souffleusen die Pause einfach als Hänger sahen, meinten manche, dass der Dialekt der Gegend, aus der Voit stammte, bekannt dafür sei, dass die Menschen mitten im Satz, oft sogar mitten im Wort, unterbrachen und erst nach Minuten oder Stunden weiterredeten. Wieder andere hielten Voits Pausen für das Markenzeichen einer einzigartigen Sprechweise, gaben aber zu, dass es schwierig sei, ihm zu folgen, besonders, wenn er in einem Satz mehrmals pausierte. Die längste Sprechpause Voits begann vor mehr als 39 Jahren und ist bis heute nicht beendet.

Roman

Jeden Dienstag und Freitag holte die Schriftstellerin Nolde die fünfjährige Tochter ihrer Nachbarin Elisabeth aus der Kindergruppe ab, kochte für sie, spielte mit ihr und brachte sie zu Bett. Wenn Elisabeth an solchen Tagen spätabends zur Schriftstellerin Nolde kam, um ihre Tochter mitzunehmen, blieb sie oft noch in deren Küche sitzen und redete stundenlang über ihre aufreibende Arbeit im Büro, ihre alte Mutter, die in einem Heim lebte, und ihre unglückliche Kindheit. In der restlichen Zeit schrieb die Schriftstellerin Nolde einen Roman. Der Roman handelt von einer Schriftstellerin, die jeden Montag und Donnerstag den vierjährigen Sohn ihrer Nachbarin Lisa aus der Kindergruppe abholt, für ihn kocht, mit ihm spielt und ihn zu Bett bringt, bis Lisa spätabends kommt, um den Sohn mitzunehmen, davor aber noch stundenlang in der Küche der Schriftstellerin sitzt und von ihrem Leben erzählt. Als die Schriftstellerin daraus einen Roman macht, in dem der vierjährige Sohn als fünfjährige Tochter auftaucht, Lisa Elisabeth heißt, der Montag ein Dienstag ist und so weiter und so fort, ist Lisa über diese Veränderungen erzürnt und zieht mit ihrem Sohn um, sodass die Schriftstellerin nun auch am Montag und Donnerstag Zeit zum Schreiben hat. In sechs Jahren hat die Schriftstellerin Nolde ihren Roman 39 Verlagen angeboten, aber keine Zusage bekommen.

Seilbahn

Der junge Diplomat Illitsch hatte die Aufgabe erhalten, für den Präsidenten eine Rede zur Eröffnung eines Seilbahnkongresses zu schreiben und in drei Tagen noch immer keinen einzigen Satz produziert. Er bat eine Kollegin um Hilfe, die ihm einen Schrank mit Aktenordnern zeigte, in denen sich die Manuskripte der Reden des Präsidenten befanden. Illitsch solle daraus eine Rede zu einer Kongresseröffnung entnehmen und das Thema des dort angeführten Kongresses durch das Wort *Seilbahn* ersetzen. Und so wandte sich der Präsident am 23. Juni 1975 mit folgenden Worten an die Gäste der Eröffnung des IV. Internationalen Seilbahnkongresses: *Das Seilbahnwesen wird bei näherer Betrachtung zu einem getreuen Spiegelbild der Situation in unserem Lande und auf der ganzen Welt. Mit einer Seilbahn zu fahren, zählt nicht zu den unmittelbaren Lebensbedürfnissen der Menschen und die Benützung von Seilbahnen spiegelt daher die Tatsache wider, dass die Menschen die Möglichkeit haben, sich über die unmittelbaren Lebensbedürfnisse hinaus Dinge zu leisten, die der Gesundheit und der Freude am Schönen dienen.*

Der Jüngere

Der jüngere Rembrandt unterscheidet sich vom älteren Rembrandt nur durch den Schauspieler, der ihn darstellt. Die letzte Szene des nun bereits älteren Jüngeren spielt im Dezember 1635 und zeigt den Tod von Rembrandts erstem Sohn. Danach folgt eine Pause, in der sich das Publikum mit Getränken und Snacks erfrischt. In der ersten Szene nach der Pause sehen wir den noch jüngeren Älteren trotz einer schweren Erkältung am Gemälde *Die Opferung Isaaks* arbeiten.

Alphabet

Was ist das für ein aufregender Tag im sonst ereignislosen Dorf X, in der Markgrafschaft Y, als der lange tot geglaubte Z, den man vor seinem Verschwinden als kleinwüchsigen, blassen Menschenfeind kannte, plötzlich als groß gewachsener, dunkelhäutiger Lebemann zurückkehrt. Da staunen die As und die Bs und die Cs. Da staunen auch die Ds und die Es und die Fs. Eigentlich staunen alle bis zu den Ws. Dann ist das Alphabet ausgeschöpft.

Leimen

Nicht durchsetzen konnte sich die Erfindung des Suppenwärmers, eines mit flüssigem Stickstoff gekühlten Metallstabs, der Suppen in zwei Minuten auf Verzehrtemperatur bringen konnte. Gedacht war diese Erfindung für Menschen, die ihr Menü schnell konsumieren wollten. Meistens bevorzugten diese Personen es allerdings, die Suppe nach dem Dessert zu essen oder sie durch das Hinzufügen von kaltem Wasser zu kühlen. Der Erfinder des Suppenwärmers leidet seit Jahren an einer Demenzkrankheit und spricht fast nicht mehr. Nur wenn er einen Bleistift oder ein anderes Schreibgerät sieht, zeigt er darauf und sagt Dutzende Male: Leimen! Leimen!

Hand

Nicht nur ihre Rückenschmerzen und ihre Depressionen, sagte Madame Natalia zu Madame Olivia, habe ein Wunderheiler aus Ratari durch Handauflegen geheilt, sondern auch die Migräneattacken, die Laktoseintoleranz und die Angst vor dem Einparken seien davon verschwunden. Sie empfehle also auch ihr, Madame Olivia, so Madame Natalia, den Wunderheiler einmal aufzusuchen. Madame Olivia überlegte eine Weile und betrachtete ihre Fingernägel. Sie könne doch, sagte sie dann, nicht jedes Mal zum Handauflegen fast 700 Kilometer bis Ratari fahren, um dann auch noch in einer fremden Stadt, in einem fremden Land einparken zu müssen. Auch dieses Problem habe sie bereits, antwortete Natalia, mit dem Wunderheiler besprochen. Er habe daraufhin vorgeschlagen, das Handauflegen in Zukunft telefonisch durchzuführen und es habe über Telefon genauso funktioniert wie vor Ort.

Das Blaue Band

Unter dem Kommando von Kommodore Leopold Ziegenbein errang der turbinengetriebene Vier-Schrauben-Schnelldampfer *Bremen* am 21. Juli 1929 das Blaue Band für eine Atlantik-Überquerung in vier Tagen und 17 Stunden. Unter die 2228 Passagiere hatte sich auch ein blinder Passagier gemischt. Am 30. Juli funkte die *Bremen* auf ihrer Rückfahrt, dass sie seit ihrer Abreise mit durchschnittlich 27,5 Knoten fahre. Ein blinder Passagier sei diesmal nicht an Bord, dagegen zwei unfreiwillige Passagiere, die den Dampfer in dem Riesengedränge in New York nicht mehr rechtzeitig verlassen hatten können. Einer von ihnen wandte sich mit der Frage *Was ist der nächste Halt?* an das Bordpersonal und erhielt die Antwort: *Bremerhaven.*

Tauziehen

Heinrich Schneidereit errang 1906 bei den Olympischen Spielen in Athen die Goldmedaille im Tauziehen, Bronze im Gewichtheben mit einer Hand und Bronze im Gewichtheben mit beiden Händen. Das Olympische Komitee erkannte die Spiele allerdings nicht an, weshalb die Spiele von 1906 heute als Olympische Zwischenspiele bezeichnet werden. Bereits zwei Jahre später, im Jahr 1908, wurden in London Olympische Spiele veranstaltet, bei denen es allerdings keine Wettbewerbe im Gewichtheben und Tauziehen gab. 1914 wurde Heinrich Schneidereit zur Artillerie an die französische Front eingezogen, wo er ein Jahr später starb.

Dschinn

Dass Hans Maier nicht mehr unter uns ist, jener Mann, den seine Bescheidenheit noch mehr auszeichnete als seine Auszeichnungen, ist ein Verlust für Wissenschaft, Kultur und Sport gleichermaßen. Seinem Naturell der Unermüdlichkeit entsprechend, ging Maier in den Sielen von uns, nämlich im Endstadium der Abfassung seiner Schrift von der Schädlichkeit der grünen Tapeten, deren Erkenntnisse der öffentlichen Gesundheit noch sehr zugutekommen werden. Seine größten Triumphe feierte Maier im Gewichtheben mit einer Hand. Auf den inländischen Bühnen war er über Jahrzehnte im tragischen und komischen Fach gleichermaßen begehrt. Sein Ruhm reicht sogar bis in den Orient, wo er dem Publikum durch die Verkörperung eines Dschinns unvergesslich ist. Über 800 Mal wurde das betreffende Schauspiel im Naoum Theater in Konstantinopel aufgeführt und das Stück wäre heute noch auf dem Spielplan, wäre das Naoum Theater nicht abgebrannt.

Quadrat

Ein unruhiger, aber nachdenklicher Tischler, der Newtons Farbenlehre ebenso anzweifelte wie die Relativitätstheorie, wollte nicht glauben, dass es unmöglich sei, ein perfektes Quadrat herzustellen. Nachdem er also in seiner Tischlerei eine quadratische Platte zugeschnitten hatte, hielten die Betrachter des Quadrats es für besser, entweder zu schweigen oder die perfekte Form des Werks zu loben. Der Tischler aber hatte unruhige Träume, man kann sagen Albträume, und er begann eine Stimme zu hören, die nur ein Wort sagte, das er seit seiner Schulzeit nicht mehr gehört hatte.

Sonnenbrille

Kurz nach seiner Rückkehr aus Los Angeles am 4. Jänner 1969 wurde Othmar Hanslik in der Aufnahme eines Obdachlosenheims in Wien Margareten vorstellig. Hanslik war 1927 im Alter von 19 Jahren nach Amerika ausgewandert, wo er sich mit Gelegenheitsjobs durchschlug. Viel Geld verdiente der heute 61-Jährige nur im Jahr 1930, als in den USA die Mode des Goldfisch-Schluckens grassierte, in der Othmar Hanslik unter einem Künstlernamen zu den Besten des Fachs gehörte. Doch schon bald geriet er aus Desinteresse des Publikums am Goldfisch-Schlucken in Vergessenheit und aufgrund des immer größer werdenden Einflusses von Tierschutzvereinen sogar in Verruf und kehrte völlig verarmt nach Österreich zurück. Alles, was er nach seiner Rückkehr noch besaß, war ein Cowboyhut und eine Sonnenbrille.

Ansichtskarten

Der Drechslergeselle Anton Hanslian wurde berühmt dafür, dass er – Frau und Kind in einem Wägelchen vor sich herschiebend – zu Fuß von Wien nach Paris marschierte. Die Fußpartie nach Paris verlief jedoch nicht ganz einwandfrei. Hanslian soll nämlich sehr oft die Eisenbahn und Bauernwagen zu Hilfe genommen haben. Überall erzählte der Weltenbummler, er unternehme diesen Fußmarsch infolge einer hohen Wette mit Gordon Bennett, dem Herausgeber des *New Yorker Herald*. Den Bedingungen dieser Wette entsprechend, dürfe er kein Geld mitnehmen und seinen Unterhalt nur durch Geschenkannahme und das Verkaufen von Ansichtskarten bestreiten, auf denen seine üppige Beinbehaarung abgebildet sei.

Erste Worte

Im Jahr 1871 erlangte die hübsche, üppige, 17-jährige Vollblut-Italienerin Filomena Gavazzi durch ihre hellseherischen Vorhersagen und die Fähigkeit, am Geruch von Uhren ihren Eigentümer erkennen zu können, große Berühmtheit. Sogar Kriminalbeamte ließen sich damals von Fräulein Filomena, die alle anderen Hellseherinnen und Somnambulen an Virtuosität und Dexterität übertraf, beraten. Ihr Ruhm verblasste allerdings, als die Nachricht verbreitet wurde, in Budapest wäre ein Kind zur Welt gekommen, das am zweiten Tage seines Lebens erste sinnvolle Sätze zu sprechen begonnen habe. Tausende Menschen machten sich auf, um das Neugeborene sprechen zu können und viele behaupteten danach auch, das Neugeborene sprechen gehört zu haben. Auf die Frage, was das Kleinkind gesagt habe, war allerdings keine Antwort zu erhalten.

Die vierte Person

Der Namensforscher Cermak wurde niemals angesprochen, weder auf der Straße noch im Café, noch zu Hause in seinem Eigenheim. Niemand wandte sich jemals an Cermak, weder per Du noch per Sie, denn es überwog die Angst, einen Vortrag hören zu müssen über den Ort oder den Stadtteil, in dem man sich gerade befand, oder eine Tirade gegen die verbreitete Attitüde, manche Ortsnamen hässlich und manche schön zu finden oder sie gar aus Gründen des Gefallens zu ändern. Am liebsten grüßte man Cermak aus der Ferne, bedeutete ihm, dass man in Eile war und ging schnell davon. Damit meinte man, sich auf diese Weise vor unerwünschten Fakten und Informationen und unverlangt geäußerten Meinungen und vor einer aus der Einholung jener resultierenden Verspätung geschützt zu haben. Wenn der Namensforscher Cermak überhaupt angesprochen wurde, dann immer nur in der vierten Person.

Ein größtes Haus

Der Zierpflanzengärtner Greiffenklau dachte beim Untergrundlockern folgenden Gedanken: Das Haus, in dem ich wohne, ist nicht das größte Haus in unserer Gasse. Unsere Gasse ist nicht die größte Straße in unserem Dorf. Unser Dorf ist nicht das größte Dorf in unserem Bezirk. Der Bezirk ist nicht der größte Bezirk unseres Bundeslandes, das nur ein kleines Bundesland in unserem Staat ist. Unser Staat ist ein Kleinstaat auf dem ebenfalls nicht größten Kontinent unseres Planeten. Unser Planet ist nicht der größte Planet in einem eher kleinen Sonnensystem einer winzigen Galaxie. Der Zierpflanzengärtner Greiffenklau dachte beim Untergrundlockern, dass eigentlich alle Menschen so denken müssten. Aber andererseits, dachte der Zierpflanzengärtner Greiffenklau, musste es schließlich auch in jeder kleinen Gasse ein größtes Haus geben.

Der siamesische Einling

Er dachte, er wäre nicht alleine zur Welt gekommen, der siamesische Einling. Dachte er aber nur.

Finsternis

Finsternis

Der Kunstmaler Hornung malte am liebsten mit geschlossenen Augen, fertigte seinen Skizzen auf Bahnfahrten nur beim Durchfahren eines Tunnels an und bat befreundete Fotografen, in ihrer Abwesenheit ihre Dunkelkammern zum Arbeiten verwenden zu dürfen. Hornung wollte in tiefster Finsternis malen, aber die Dunkelheiten, in denen er arbeitete, waren ihm bald nicht mehr dunkel genug. Er beklagte sich darüber, immer noch Dinge zu sehen, die seine Augen störten und ablenkten. Aus diesem Grund ließ Hornung sein Atelier verdunkeln. Mit der Verdunkelung unzufrieden beauftragte er die Handwerker, die Schichten des Dämmmaterials zu verdoppeln, verdreifachen, vervierfachen und klagte danach immer noch über taghelle Sicht. Er könne, so Hornung, hinter den abgedunkelten Fenstern Tauben erkennen, die vorbeiflögen, besonders jene, die im Flug ihre Farbe von violett auf blau oder von blau auf rot änderten. Bringe man ihm ein Gewehr, könne er das beweisen, indem er im scheinbar verdunkelten Atelier stehend eine Taube, die an seinem Fenster vorbeiflöge, vom Himmel schieße.

Milch

In einer Gemeinde nahe der Stadt Salzburg hatte im Dezember des Jahres 1947 eine Mutter zu wenig Milch für ihre drei Kinder. Sie bat eine Bäuerin, ihr aus ihrem Überschuss Milch zu verkaufen, und bot dafür alles Geld, das sie besaß. Die Bäuerin lehnte mit dem Hinweis auf die Wertlosigkeit des Schillings ab und verlangte stattdessen für die tägliche Milchlieferung den goldenen Ehering der Mutter. Die Mutter willigte ein, erzählte aber dem Priester des Ortes, dass sie ihren Ehering hergeben musste, um ihre Kinder mit Milch zu versorgen. Der Priester machte diese Geschichte, ohne die Namen der Beteiligten zu nennen, zum Inhalt seiner Sonntagspredigt und forderte die Empfängerin des Rings auf, diesen am nächsten Tag im Pfarrhaus abzugeben. Tags darauf wurden im Pfarrhaus elf goldene Eheringe abgegeben.

Eintrittskarten

Der indische Guru Shri Mukteshwar besaß wie alle Heiligen, die in der Meditation Perfektion erreicht hatten, die Siddhis, bestimmte Zauberkräfte, darunter auch die Fähigkeit über Wasser zu gehen. Obwohl die heiligen Schriften den Yogi davor warnen, diese Zauberkräfte öffentlich zur Schau zu stellen, ließ Shri Mukteshwar ein Schwimmstadion bis zum letzten Platz mit Schaulustigen füllen, die Eintritt bezahlt hatten, um den Meister über das Wasser des 50-Meter-Beckens gehen zu sehen. Nach seinem ersten Schritt versank Shri Mukteshwar, der nicht schwimmen konnte, im Wasser und musste von zwei Rettungsschwimmern aus dem Becken gezogen werden. Als der Guru auf einer Liege abtransportiert wurde, winkte er der schaulustigen Menge zu. Doch die Menschen beachteten den Heiligen nicht mehr, sondern liefern empört zum Ticket Office, um das Geld für ihre Eintrittskarten zurückzuverlangen. Der Mann am Schalter erklärte ihnen, er könne zwar den Eintritt nicht erstatten, jeder Besucher bekäme aber eine Gratiskarte für den nächsten Versuch des Meisters über Wasser zu gehen, der bereits kommende Woche stattfinden würde.

Wolf

Mehrmals hatte man den 23-jährigen Organisten der Schlosskirche Weimar, Johann Sebastian Bach, im Januar 1709 davor gewarnt, alleine in der Kirche zu proben oder zu komponieren, da er dabei von einem russischen Wolf entdeckt, angefallen und aufgefressen werden könnte. Doch Bach fürchtete die Wölfe nicht, die im Jahrtausendwinter des Jahres 1709 angeblich aus Russland, wo ihre Beute bei Temperaturen bis zu minus 75 Grad zu stark gefroren war, von extremem Hunger getrieben eingewandert waren. Der Organist wollte an Toccata und Fuge in D-Moll weiterarbeiten und hatte keine Zeit, sich vor Wölfen zu fürchten. Das Einzige, wovor Bach Angst hatte, war, auf dem Heimweg von einer der tiefgefrorenen Tauben, die regelmäßig aus beträchtlicher Höhe auf die Straße fielen, getroffen zu werden.

Uhr

Immer wieder wurde der Uhrmacher Jindra darauf hingewiesen, dass die große Uhr über dem Eingang seines Geschäfts stehen geblieben war. Die Uhr zeigte elf Minuten nach vier und das schon seit Wochen, wenn nicht Monaten oder Jahren. Eine junge Frau, die Jindras Uhr, da sie ihrer Bushaltestelle gegenüber lag, wochenlang beobachtet und mit ihrer Uhr verglichen hatte, betrat eines Tages das Uhrmachergeschäft, ohne von Herrn Jindra, der gerade am Ladentisch sitzend die Tageszeitung las, beachtet zu werden. Erst nachdem sie sich mehrere Male geräuspert hatte, blickte der Uhrmachermeister auf und musterte die junge Dame. Ich wollte Ihnen nur sagen, begann sie schüchtern, dass Sie sicher mehr Kunden hätten, wenn die große Uhr über Ihrem Geschäft wieder ginge. Jindra senkte seinen Kopf, um die Zeitung weiter zu lesen und antwortete: Zweimal am Tag zeigt sie die richtige Zeit an.

Schrei

Der Bauarbeiter Hufnagel berichtete am 3. Juni 1914, dass beim Abriss der alten Brücke, die früher die Fahrgasse in der Frankfurter Altstadt mit Sachsenhausen verbunden hatte, ein minutenlanger menschlicher Schrei erklang. Dieser Schrei sei von einem Schädel, der auf einer aus dem Brückenturm ragenden Eisenstange aufgespießt war, ausgestoßen worden. Das Schreien habe angefangen, so Hufnagel, als er begonnen habe, die Eisenstange aus der Turmmauer zu schlagen, und sei erst verhallt, als die Stange, die er vor Schreck in den Main geworfen habe, mit dem Schädel im Wasser versunken sei. Es handelte sich bei dem Schädel um die Überreste des Kopfes des 1616 hingerichteten und gevierteilten Staatsverbrechers Vinzenz Fettmilch. Der Lebküchler Fettmilch soll beim Abhacken der Schwurfinger und seiner darauffolgenden Hinrichtung am 28. Februar 1616 auf dem Frankfurter Rossmarkt keinen Laut von sich gegeben haben. Wie Goethe in *Dichtung und Wahrheit* berichtet, hatte sich Fettmilchs Schädel, der nach dessen Hinrichtung auf einer Eisenstange auf der Turmmauer der großen Brücke aufgespießt worden war, *durch alle Unbilden der Zeit und Witterung* erhalten.

Der Traum des Astronomen

Am 24. Januar 1900 fing bei der Vorführung der dritten Spule des Films *Der Traum des Astronomen* im Wiener Colosseum der Zelluloidfilm Feuer. Zwar konnte die Feuerwehr unter Löschmeister Schenkel den Brand sofort löschen, doch drang weiterhin außerordentlich dichter, weißer Rauch in den Zuschauerraum und in die Logen, sodass das Publikum unter großer Panik zu flüchten begann. Als der Sohn des Direktors, Carl Blasel jun., vor das Publikum trat, um beschwichtigende Worte zu sprechen und zu fragen, ob man die vierte und letzte Spule noch vorführen solle, war der Zuschauerraum bereits leer. Der nach der Vorstellung geplante Auftritt eines Schrammelquartetts entfiel.

Korkenzieher

Es war angeblich ein Korkenzieher der Marke Perpetual, den der Waldmeister Josef Ressel in Triest im Jahr 1826 stundenlang in seiner Hand gedreht und dabei unablässig beobachtet haben soll. Wie Dr. Fenderl berichtet, habe Ressel dabei von nichts anderem gesprochen, als eine ähnliche Schraube zum Antrieb von Schiffen bei der Stromauffahrt einzusetzen, wobei er sich ständig darüber lustig machte, dass James Watt jr. bei der Fahrt auf dem Rhein mit dem Raddampfer Caledonia Treppelpferde benötigt habe, um überhaupt flußaufwärts nach Koblenz zu gelangen. Ressel war, so Dr. Fenderl, von seiner Idee besessen und fertigte nächtelang Zeichnungen von seiner neuen Erfindung an. Ressels Erfindungsanzeige vom 28. November 1826 beginnt mit dem Satz: *Das lästige Getöse, welches die Schaufelräder der Dampfschiffe hervorbringen, und das unangenehme Bewegen der Schiffe, welches diese Räder verursachen, ferner die Kraft- und Zeitverschwendung in ihrem Gange hat in mir das Bestreben rege gemacht, eine Vorrichtung zu ersinnen, welche diese Gebrechen nicht hat.*

Wasenmeister

Wie viele andere erstand der Kutscher Leopold Möglinger im Jahr 1906 von den Wiener Verkehrsbetrieben, die von der Pferdetramway bereits vollständig auf den Betrieb der Elektrischen umgestellt hatten, ein nicht mehr gebrauchtes Tramwaypferd. Obwohl er mit diesem Pferd, dem seine Kinder den Namen Elena gegeben hatten, anfangs sehr zufrieden war, stellte sich bald eine bedeutende Schwierigkeit ein. Sah Elena nur einmal die Geleise der Straßenbahn, so ging das Pferd fortan gewohnheitsmäßig die Geleise entlang und ließ sich weder von Zügel noch Peitsche wieder davon abbringen. Am 23. Dezember des Jahres 1909 wurde Elena in der Nordbahnstraße von einer Elektrischen, deren Motorführer die Beharrlichkeit des Pferdes unterschätzt hatte und zu spät bremste, angefahren, worauf Kutscher und Pferd stürzten und unter die Schutzvorrichtung gerieten. Als man Möglinger hervorzog, zeigte sich, dass er schwer verletzt war. Die Rettungsgesellschaft brachte ihn ins Rudolfsspital. Elena hatte ein Bein gebrochen und musste vom Wasenmeister abgeholt werden.

Zwillinge

Es begann damit, dass niemand bemerkte, dass Huitzinger verschwunden war. Erst nachdem die Sekretärin der Abendblätter feststellte, dass Huitzinger seit sieben Jahren an keiner einzigen Redaktionssitzung teilgenommen und keinen Artikel mehr geschrieben hatte, begann man seine Abwesenheit wahrzunehmen. Das Gerücht machte die Runde, dass man Huitzinger in einer ohnehin sensiblen Phase seines Lebens in einer Redaktionssitzung ausgelacht hatte, weil er die Zwillinge Ginzburg nicht nur nicht miteinander verwechselt, sondern sie auch gar nicht für Geschwister gehalten hatte. Huitzinger hatte versucht sich zu retten, indem er sagte: *Die beiden sind aber auch besonders zweieiig!* Doch auf diesen Satz folgte wieder nur lauteres und noch länger anhaltendes Gelächter.

Schaufenster

Die vier Herren, die im Dezember 1891 in einem Café am Montparnasse saßen, bedauerten allesamt, dass sie noch nicht ausgewandert waren, sondern immer noch in Paris saßen, und sie träumten von Berlin, Tahiti, der Goldküste, New York und Rio de Janeiro. Schließlich ergriff der Schriftsteller Guy de Maupassant das Wort. Der Grund, warum er Paris unbedingt verlassen müsse, so Maupassant, sei jenes unentrinnbare, quälende Albdrücken, welches nun schon seit mehr als zwei Jahren der sogenannte Eiffelturm in ihm verursache. Nicht nur, dass man den Turm nicht – wie ursprünglich geplant – nach der Weltausstellung wieder abgetragen habe; nein, es gäbe auch keine einzige Stelle in der Stadt, von der aus man diese demütigende Verkehrtheit nicht sehen könne. Und selbst, wenn man sich in Scham abwende, so Maupassant, erblicke man sofort ein Modell des Eiffelturms aus Zinn, Holz oder Papiermaché oder eine Postkarte oder Fotografie davon in einem Schaufenster. Aus diesem Grund könne er in Paris nicht mehr fortexistieren, sagte Maupassant, winkte dem Ober und ließ sich noch einen Kaffee bringen.

Erdhaufen

Die Hügel und Erhebungen in und um Wien, sagte der sonst schweigsame Kronawetter, sind nicht durch Auffaltung von Sedimenten submariner Rutschungen in der präalpinen Geosynklinale zwischen der unteren Kreidezeit und dem Eozän entstanden, sondern dadurch, dass die Wiener zu faul waren, Schutt und abgetragenes Erdreich zu entfernen. Und er nannte dafür ein Beispiel. Als 1873 die Rotunde durch den schottischen Ingenieur John Scott Russell errichtet wurde, weigerte sich die Baufirma, für das veranschlagte Budget die riesigen Mengen Erdreich, die bei der Fundamentgrabung ausgehoben worden waren, wegzuschaffen. Auch andere Firmen verlangten dafür Beträge, die nicht bezahlt werden konnten. In diesem Wettbewerb setzte sich der Hotelier Eduard Sacher durch, der anbot, nicht nur nichts zu verlangen, sondern sogar eine Geldsumme zu bezahlen, um den Erdhaufen zu erwerben. Er nannte den Erdhaufen Konstantinhügel und errichtete darauf das Hofrestaurant auf dem Konstantinhügel. Warum Sacher den Erdhaufen Konstantinhügel nannte, fragte ich Kronawetter. Doch Kronawetter sah mit finsterem Blick in die Ferne, die keine Ferne war, weil ihm die Hügel den Blick verstellten.

Das neue Jahrhundert

Weder der Bärenwärter Scheiner noch die Gattin des siebenunddreißigjährigen Angestellten der Tiergartenunternehmung Carl Rudowsky nahmen es sonderlich ernst, als Rudowsky am 31. Dezember 1899 im Gasthaus davon sprach, dass er vorhabe, beim Reinigen der Löwenkäfige mit den Raubtieren unmittelbar in Verkehr zu treten, um sich selbst zum Dompteur auszubilden. Frau Rudowsky warnte ihren Mann und fügte hinzu, man wolle doch an diesem Tag auf das neue Jahrhundert anstoßen, in dem man vorhabe noch viele glückliche Jahre miteinander zu erleben. Als die Tiergartenbediensteten Huber und Zwinger am Vormittag des 1. Januar 1900 von Gebrüll im Löwenkäfig aufgescheucht herbeieilten und zusehen mussten, wie alle sechs Löwen über Rudowsky herfielen, gelang es ihnen zwar noch, die wilden Tiere durch das Entzünden von Stroh zum Zurückweichen zu zwingen, doch sie konnten Rudowsky nur mehr als verstümmelten Leichnam aus dem Käfig zerren. Die behördliche Kommission stellte fest, dass der Wärter Rudowsky ein Opfer der eigenen Tollkühnheit geworden war.

Krank

Als das ganze Land mit Ausnahme des Schusters Schneider erkrankt war, wollte ich zu Dr. Arzt, meinem praktischen Arzt, gehen. Doch auch Dr. Arzt war erkrankt und schickte mich zu einem anderen Arzt, der jedoch ebenso erkrankt war und mich wieder zu einem anderen Arzt schickte, der ebenfalls krank war und so weiter. Der einzige Mensch im ganzen Land, der nicht erkrankt war, war der Schuster Schneider. Aufgrund der Erkrankung des Schneiders Schuster, hatte der Schuster Schneider schon ersatzweise zu schneidern begonnen. Nun begann er auch ersatzweise als Arzt zu wirken. So etwa kam der Trainer eines Bogenschützen, der von einem Pfeil seines Schülers an der Schulter verletzt worden war, zum Schuster Schneider und klagte über schwere Schmerzen und eine eitrige Wunde. Der Schuster Schneider verschrieb eine Schmerzsalbe und trug dem Verletzten auf, damit nicht die Schulter einzureiben, sondern die Spitze des Pfeils, der ihm die Wunde zugefügt hatte. Angesichts dessen, kann man sich vorstellen, wie die Schuhe des Schusters Schneider ausgesehen haben müssen.

Weltuntergang

Die dritte Nacht in Folge machte sich August Primmer am Abend des 15. November 1899 auf den Weg zum Kahlenberg, um von dort aus den Meteoritenschwarm der Leoniden zu beobachten, dessen Wiederkehr nach 33 Jahren von manchen Zeitungen als eine Kaskade von bis zu 5.000 Sternschnuppen pro Stunde, von anderen als Weltuntergang angekündigt wurde. Doch wie in den beiden Nächten zuvor, bekamen Primmer und alle anderen Schaulustigen aufgrund dichter Bewölkung weder Sternschnuppen, noch den Weltuntergang zu sehen. Erst gegen 03:30 Uhr morgens, als sich der Himmel stellenweise lichtete, konnte Primmer vier Sternschnuppen entdecken. Auf dem Rückweg geriet er in ein Gewitter, aus dem sich ein Kugelblitz mit einem starken, weithin vernehmbaren Knall löste und das Firmament für eine halbe Minute hell erleuchtete. In Penzing geriet eine Fabrik für Telegraphenkabel in Brand. Der Blitz schlug weiters in die Leitungsdrähte der elektrischen Tramway in der Josefstädterstraße ein, sodass die Passanten, die mit dem Draht in Berührung kamen, vom elektrischen Schlag betäubt wurden.

Banknoten

Nachdem der als Geldfälscher berühmt gewordene Zeichner Emanuel Ninger im Jahr 1897 aus der Haft entlassen worden und wieder in sein Atelier zurückgekehrt war, wo er zwanzig Jahre lang nur mit Füllfedern und Bleistiften Zwanzig-, Fünfzig- und Hundert-Dollarnoten gefälscht hatte, wurde er am Tag seiner Freilassung von einem Zeitungsreporter interviewt und gefragt, was er denn vorhabe, in Zukunft zu zeichnen. Ninger antwortete: Banknoten. Die gefälschten Geldscheine Ningers, der zwanzig Jahre lang als Jim the Penman vom Geheimdienst gesucht worden war, wurden inzwischen für das bis zu Fünfzigfache ihres Nominalwerts gehandelt und waren als Ausstellungsobjekte begehrt. Und so arbeitete Ninger, der für die Herstellung der Fälschung einer Zwanzig-Dollarnote zwei Wochen, für Fünfzig- und Hundert-Dollarnoten drei Wochen benötigte, noch fast vierzehn Jahre lang als Fälscher amerikanischer Geldscheine, bis im Jahr 1911 der Besitz von Ningers Fälschungen, sowie ihr Sammeln oder Ausstellen als Kunstobjekte gesetzlich verboten wurde. Ab 1911 widmete sich Ninger, der eigentlich Joseph Gilbert hieß und aus Deutschland stammte, dem Fälschen deutscher Banknoten. Er hatte aus seiner ursprünglichen Heimat etliche Aufträge erhalten, dortige Banknoten für Ausstellungen von Falschgeld anzufertigen.

Das Stimmwunder Alinde Korkesch

Mir ist kein Mensch bekannt, der nicht behauptet, jemand zu kennen, der jemand kennt, der behauptet, jenen Abend in Köln miterlebt zu haben, an dem die Stimmkünstlerin Alinde Korkesch zum ersten Mal an die Öffentlichkeit trat. Seit diesem legendären Abend galt Korkesch als *das* Genie in Rezitation, Gesang und Stimmenimitation. Ihre Abende waren monatelang im Voraus ausverkauft. Anderthalb Jahre nach Korkeschs Auftritt in Köln berichtete mir Altrichter, dass er es geschafft habe, eine Karte für den Abend *Die Stimmen von Pompeji* zu bekommen, zu dem Alinde Korkesch auch den Text selbst verfasst hatte. Korkesch sei, so Altrichter, nach einer Kieferoperation schwer angeschlagen gewesen und habe das Sprechstück aus diesem Grund in stark gekürzter Form in beinahe unhörbarer Lautstärke vorgetragen. Man habe aber ihr Genie, die enorme Kraft und Wandlungsfähigkeit ihrer Stimme gerade unter diesen eingeschränkten Bedingungen mehrmals aufblitzen sehen, so Altrichter. Ein halbes Jahr später erzählte mir Jacobi, der Berichterstatter einer lokalen Zeitung, von einem Auftritt Alinde Korkeschs in Gummersbach. Angekündigt war ein neues Sprechstück mit dem Titel *Ein Nachmittag in der Flüstergalerie.* Jacobi berichtet, dass Korkesch, einen langen Baumwollschal mehrfach um den Hals geschlungen, sitzend vor dem Publikum Platz genommen hatte. Der Kulturbeauftragte von Gummersbach dankte in seinen einleitenden Worten, die auch eine ausführliche Biografie von Alinde Korkesch enthielten, der Künstlerin dafür, dass sie trotz einer starken Verkühlung den Abend bestreite. Schon kurz nach Beginn der Vorstellung riefen etliche Zuschauer aus den hinteren Reihen *Bitte lauter!* und *Lauter, bitte!*, wodurch das Publikum in den vorderen Reihen sich gestört fühlte und Alinde Korkesch den Vortrag für mehrere Minuten abbrechen musste, bis wieder Ruhe herrschte. Der Tontechniker, der hinter dem Publikum an einem Mischpult saß, wurde von dem neben ihm stehenden Kulturbeauftragten ständig bedrängt, die Verstärkung von Alinde Korkeschs Mikrofon lauter zu machen, bis schließlich, so Jacobi, eine Rückkoppelung entstand, die dazu führte, dass das gesamte Publikum sich die Ohren zuhielt, Alinde Korkesch sich erhob und die Bühne verließ. Als Jacobi wieder hören konnte, soll der Tontechniker zum Kulturbeauftragten gesagt haben: *Aber fesch ist sie schon, diese Korkesch!* Vergangenes Jahr hätte ich die Möglichkeit gehabt, in Mangolding einen Vortrag von Alinde Korkesch zu hören. Die Karten waren einfach zu bekommen, denn zu diesem Zeitpunkt kam der Dunkelheitsmaler Hornung in die Gegend und kündigte an, während der totalen Sonnenfinsternis vor Publikum einen Gemäldezyklus zu erstellen, und kaum jemand interessierte sich mehr für Alinde Korkesch. Auch ich entschied mich dazu, dem Dunkelheitsmaler Hornung zuzusehen, der heute, nur ein Jahr später, bereits wieder völlig in Vergessenheit geraten ist.

* * *

Robert Pfaller

Die Basis und der Unterton

zu *Unter dem Fußboden* von Daniel Wisser

Der eigentümliche Zauber, den Daniel Wissers kurze Prosatexte auf mich ausüben, hängt wohl zusammen mit der witzigen Disproportion zwischen der Exaktheit, mit der Zahlen, Fakten, Details etc. einerseits (Kyotoer Tatami, mit einer Größe von 1,91 × 0,955 Metern) und sogar bedeutende geschichtliche Persönlichkeiten und Ereignisse andererseits (Lenin!) angeführt werden, und der Vergeblichkeit, zu der das alles meistens führt. Die tragikomischen Helden Wissers löschen ihre Namen aus, bleiben ungehört, werden weitgehend unsichtbar oder gleich von vorneherein nicht bemerkt. Freilich setzt das alles oft einen Blick voraus, den es, wenn das alles so wäre, eigentlich nicht geben könnte: Wer soll denn jener Beobachter sein, der weiß, dass der unsichtbar Gewordene noch gar nicht aus dem Zimmer gegangen ist oder dass der Unbemerkte gewohnheitsmäßig auf dem Stuhl saß, wo ihn niemand sah?

Die kindliche Detailfreude und der unmögliche Blick erinnern mich an die Serie *Plötzlich diese Übersicht* der Schweizer Künstler Peter Fischli und David Weiss (1982): eine Reihe von groben, knödeligen, ungebrannten Tonskulpturen, worin bedeutende Szenen wie *Al Capones Verhaftung*, *Jesus zieht einen Jünger aus dem Wasser* oder *Herr und Frau Einstein, kurz nach der Zeugung ihres genialen Sohnes Albert* dargestellt sind. In der Psychoanalyse nennt man so einen Blick auf eine Szene, bei der eigentlich niemand dabei gewesen sein kann, ein Phantasma.

Aber nicht nur das Phantasmatische in Wissers Texten hat hier eine Entsprechung, sondern auch die Form: Das Ungebrannte des Tons bei Fischli und Weiss scheint bei Wisser ein Pendant in dem Umstand zu haben, dass er seine Texte nicht liest, sondern spricht: Er sagt sie, in einer langen Performance, die Bewunderung verdient, auswendig auf. Durch das Orale wird die Sache aber keineswegs wärmer oder persönlicher. Wisser erzählt nicht, sondern lässt geradezu teilnahmslos, beinahe mechanisch, etwas scheinbar anderes durch sich hindurchtönen. So hat Platon den Genius beschrieben, und Giorgio Agamben hat es vor Kurzem in Erinnerung gerufen: Schreiben heißt unpersönlich werden; einer Stimme Gehör verschaffen, die nicht die eigene ist. Indem er vorzugsweise vom Verschwinden erzählt, lässt Wisser auch sich selbst gerne verschwinden – zugunsten einer Art von sachlichem Bericht, der von anderswoher gesprochen und von einem unmöglichen Ort aus beobachtet scheint.

Inhalt

Unter dem Fußboden

Zurzeit nur für immer

Kein Wort für Blau

Finsternis